作者简介

尹　恒，英国曼彻斯特大学社会人类学与英国佳士得艺术学院东亚艺术史双硕士，现任成都武侯祠博物馆陈列展览部主任，副研究馆员，中国博物馆协会陈列艺术委员会委员，研究方向为陈列展览、三国文化。主持策划"刘备与诸葛亮君臣合展""大三国志展"等原创展览，并数次荣获全国及省级十大陈列展览精品推介及"核心价值观"主题展览奖项，在各级期刊发表学术论文10余篇，参与学术著作与图录编写10余本。

缪斯
MUSE
文库

本书由中国博物馆协会与腾讯基金会"腾博基金"资助

Wise Emperor and
Virtuous Prime Minister
for Eternity

成都武侯祠博物馆

"刘备与诸葛亮君臣合展"

策展笔记

尹 恒 等著

ZHEJIANG UNIVERSITY PRESS

浙江大学出版社

·杭州·

图书在版编目(CIP)数据

明良千古：成都武侯祠博物馆"刘备与诸葛亮君臣合展"策展笔记/尹恒等著.—杭州：浙江大学出版社，2023.11（2024.8重印）

（中国博物馆陈列展览精品·策展笔记）

ISBN 978-7-308-23703-1

Ⅰ.①明… Ⅱ.①尹… Ⅲ.①武侯祠－博物馆－历史文物－陈列－策划－成都 Ⅳ.① G269.277.11

中国国家版本馆CIP数据核字（2023）第071187号

明良千古

成都武侯祠博物馆"刘备与诸葛亮君臣合展"策展笔记

MINGLIANG QIANGU: CHENGDU WUHOU CI BOWUGUAN "LIUBEI YU ZHUGELIANG JUNCHEN HEZHAN" CEZHAN BIJI

尹　恒　等著

出 品 人	褚超孚
项目负责	陈　洁
策划编辑	张　琛　陈佩钰　吴伟伟
责任编辑	陈佩钰　宁　檬
责任校对	黄梦瑶
美术编辑	程　晨
责任印制	范洪法
出版发行	浙江大学出版社
	（杭州市天目山路148号　邮政编码：310007）
	（网址：http://www.zjupress.com）
排　　版	浙江大千时代文化传媒有限公司
印　　刷	杭州捷派印务有限公司
开　　本	710mm×1000mm　1/16
印　　张	17
字　　数	240千
版 印 次	2023年11月第1版　2024年8月第2次印刷
书　　号	ISBN 978-7-308-23703-1
定　　价	88.00元

总　序

　　在社会主义文化强国建设的进程中，博物馆扮演着中华文明优秀成果守护者、传承者与传播者的重要角色。作为博物馆教育与传播的核心媒介，陈列展览成为博物馆守护文化遗产、传承中华文明、讲好中国故事的关键工作。好的陈列展览离不开好的策展工作。策展是构建陈列展览的过程，是通过逻辑和观念的表达，阐释文物藏品的多元价值，构建公众与遗产之间的对话空间，激发广泛社会价值与文化价值的思维和组织活动。博物馆策展的理论与实践水平，很大程度决定了陈列展览的思想境界、文化内涵、艺术品位与传播影响。因此，博物馆策展的学术研究和业务能力建设是提高博物馆陈列展览工作业务水平和影响效果的重要途径；某种意义上，也是促进我国博物馆事业高质量发展的关键所在。

　　"中国博物馆陈列展览精品·策展笔记"丛书的出版，正是源于对上述问题的思考。作为我国博物馆行业发展的协调者与促进者，中国博物馆协会长期致力于博物馆展陈质量建设和策展能力提升。在持续不断的摸索和实践中，许多博物馆同仁建议我们依托"全国博物馆十大陈列展览精品推介活动"，围绕一批业内公认的具有较大影响力与鲜明特色的获奖展览项目，邀请策展团队，形成有关策展过程和方法的出版物。在不断的讨论中，我们逐渐明确：这种基于展览策划的出版物，显然不同于博物馆中常见的对于展览内容及重点文物介绍的"展览图录"，而更适合被称为"策展笔记"。

　　所谓"策展笔记"，一方面，要聚焦"策展"的行动内容，也就是要透过展览看幕后，核心内容是展览从无到有的建设过程，尤其要重点讲述展览选题、前期研究、团队组建、框架构思、展品组织、形式设定、艺术表达、布展制作等当代博物馆展览策划的核心流程及相关体会。另一方面，要突出"笔记"的内涵风格。如果与记录考古工作的过程、方法与认识的"考古报告"相类比的话，"策展笔记"则是对陈列展览的策展过程、方法与认识的重点记录。与此同时，作为与"随笔""札记"等相似的"笔记"文体，也应带有比较强烈的主观性、灵活性和较高的自由度，宜以第一人称的口吻展开，重在呈现策展的心路历程与思考感悟，而不苛求内容体系的完整性与系统性；重在提炼策展的经验、理念、亮点，讲好值得分享的策展专业理论、专业精神、专业态度和专业手法等。我们相信，这样的"策展笔记"，不但可以作为文博行业了解我国文博系统优秀展览的"资料工具书"，也可以作为展陈从业者策展创新借鉴的"实践参考书"，还可以作为普通大众的"观展指南书"，帮助他们了解博物馆幕后工作，更好领略博物馆展陈之美。

丛书第一辑收集了 2019—2021 年度全国博物馆十大陈列展览精品推介的代表性获奖项目，覆盖全国不同地域，涵盖考古、历史、革命纪念等不同类型。由于缺乏经验借鉴，加之展览类型的多元性、编写人员构成的差异性等，在撰稿与统稿过程中，我们遇到了远超预期的挑战。这些挑战包括但不限于：如何平衡丛书的整体风格与单册图书的个体特色；如何兼顾写作内容的专业性特质与写作表达的大众性要求；如何将策展实践中的"现象描述"转化为策展理念的"机制提炼"，充分体现策展的创新点和价值点；如何实现从"报告思维"向"叙事思维"的转型，生动讲述策展的动人细节；如何在分析个案内容的同时对行业的普遍性、典型问题进行有效回应，发挥好优秀展览的示范作用；如何解决多人撰写所产生的文风不统一问题，提高统稿工作的质量和效率；等等。幸运的是，在各馆撰稿团队的积极配合下，在专家的有力指导下，我们通过设定指导性原则、确定写作指南、优化统稿与编审机制等途径，一定程度克服了上述挑战难题，基本完成了预期目标。

　　这套丛书的问世，离不开撰稿人、专家和编辑的辛勤劳动。我们衷心感谢北京鲁迅博物馆（北京新文化运动纪念馆）、中国人民革命军事博物馆、山西博物院、吴中博物馆、扬州中国大运河博物馆、杭州市萧山跨湖桥遗址博物馆、山东博物馆、湖北省博物馆、盘龙城遗址博物院、成都武侯祠博物馆、陕西历史博物馆、秦始皇帝陵博物院、和田地区博物馆等博物馆策展团队撰稿人的精彩文本。同时，我们衷心感谢南京博物院理事长、名誉院长龚良，复旦大学文物与博物馆学系主任陆建松，浙江大学艺术与考古学院教授严建强，北京大学考古文博学院教授宋向光，上海大学现代城市展陈设计研究院执行院长李黎，西安国家版本馆（中国国家版本馆西安分馆）副馆长董理，清华大学美术学院副教授李德庚等多位学者、专家的认真审读与宝贵的修改建议。感谢浙江大学出版社董事长、党委书记、总编辑褚超孚，以及社科出版中心编辑团队的细致审校和精心编辑，他们的工作为丛书的顺利出版提供了坚实的保障。浙江大学艺术与考古学院"百人计划"研究员毛若寒博士在这套丛书的方案策划、组织联络、出版推进等方面，用力尤勤，付出良多。此外，还有许多在本丛书筹划、编辑、出版过程中给予帮助的专家、老师，无法一一列举，在此谨对以上所有人员致以最真挚的感谢和敬意。

　　严建强教授在一次咨询会上曾对这套丛书给过一个很高的评价，认为它是当代博物馆专业化建设的一个重要的里程碑。对于这个赞誉，我们其实是有点愧不敢当的。我们很清楚，丛书第一辑的整体质量还有待提升，离"里程碑"的高度存在一定差距。但通过第一辑的编辑出版，我们为接下来的第二辑、第三辑的编写积累了经验、增强了信心。今后，我们会继续紧扣"策展笔记"作为"资料工具书""实践参考书"与"观展指南书"的核心功能定位，继续深化对于博物馆展览策展笔记的属性、目标、功能、内涵、形式等方面的认知，努力通过策展笔记的编写，带动全行业策展工作专业水平的整体提升。这虽然是一件具体的事情，但对构建博物馆传承与展示中华文化的策展理论体系和实践创新体系，推动博物馆守护好、展示好、传承好中华文明优秀成果，为博物馆事业的高质量发展、为建设社会主义文化强国

不断做出新贡献，是很有积极意义的。我们相信，有全国博物馆工作者的积极
参与，我们一定能把这套丛书做得更好，做成中国博物馆领域的著名品牌。

　　是为序。

　　　　　　　　　　　　　　　　　　　　　　　　　刘曙光
　　　　　　　　　　　　　　　　　　　　　中国博物馆协会理事长

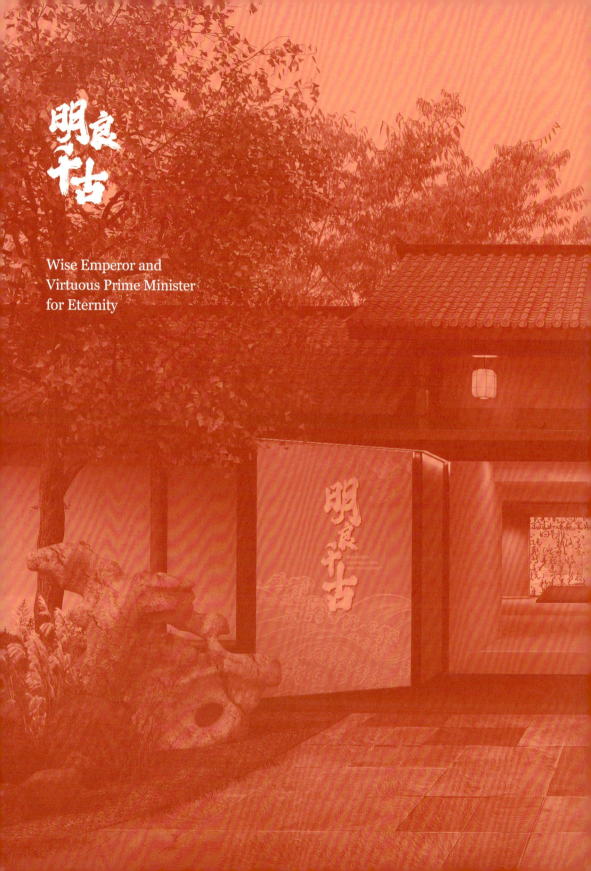

明良千古

Wise Emperor and
Virtuous Prime Minister
for Eternity

引 言

以历史展览书写中国精神

一、历史中的祠庙——成都武侯祠博物馆的前世今生

祠庙檐瓦间，古柏森森；古今无际处，遗庙沉沉。在漫漫的历史长河中，三国虽短，却是一个继往开来、革故鼎新、英雄辈出的时代。遥想三国，君臣际会，鼎分天地；三顾茅庐，一对乾坤，明良千古。时代的浪潮让刘备与诸葛亮命运相连，山石不转，时光荏苒，时至今日，君臣往事化为烟云，历史的波澜壮阔与三国的峥嵘岁月皆归于祠庙的千年余味之中，惠陵、汉昭烈庙、武侯祠也在悠长岁月中融为一体。武侯祠宁静致远的人文情怀，融入了后世对蜀汉先哲的缅怀与对英雄豪杰的追忆，使今人在拜谒追忆三国英雄的同时，亦能感受到"龙虎风云际会场，苍烟古柏汉祠堂"中生生不息的意蕴。

天地英雄气，千秋尚凛然。成都武侯祠肇始于蜀汉章武三年（223）刘备入葬惠陵时，依汉制，陵旁同时建有昭烈庙，称原庙，迄今已有1800年的历史积淀。南北朝时，专门纪念诸葛亮之武侯祠与惠陵比邻而建。唐代，武侯祠位于惠陵东偏南、汉昭烈庙西偏南，三者呈倒"品"字形，各自分立，宋、元因袭此格局。明初蜀献王主张"君臣宜一体"，废除惠陵旁武侯祠，将诸葛亮像迁至昭烈庙中，合二为一，刘备与诸葛亮共享祭祀，祠堂中的碑碣一并迁入昭烈庙中。蜀地百姓习惯称惠陵、汉昭烈庙这一区域为"武侯祠"，此称呼一直持续至今。明末，武侯祠毁于兵燹，清康熙时重建，将武侯祠分为前后两殿，奠定了今日武侯祠的格局。祠庙内地基高、建筑面积大的前殿祀汉昭烈帝刘备，左右两廊祀文武群臣，如朝廷礼；地基较低、建筑面积略小的后殿祀诸葛亮及其子孙三代，如家庭礼，左右配以钟、鼓楼和东西厢房。祠内现存塑像47尊，碑刻50余通，匾额、楹联70余幅，以唐"三绝碑"、清"攻心联"最为出名。

如今的成都武侯祠博物馆是国内现存唯一君臣合祀祠庙和最负盛名的刘备、

诸葛亮及蜀汉英雄纪念地，也是全国乃至世界影响最大的三国遗迹博物馆。它由文物区（文化遗产区）、西区（三国文化体验区）和锦里古街（民俗区）三部分组成，占地约 15 万平方米，享有"三国圣地"之美誉。在这里，观众可于一日之内实现自身情感的连续共鸣与重塑：在文物区，可以追忆三国英雄之豪气，体会历史建筑之厚重；在西区，可以感受长廊林荫之惬意，欣赏花径鸟语之意趣；在民俗区，又可以闲游热闹市井，体会璀璨民俗，享受原汁原味之特色魅力。

成都武侯祠的主体建筑纵列在中轴线上，以点、线、面为基础，构成祠、园、景三位一体的空间序列，整体呈现出"祠园一体、宁静致远"的设计理念和艺术氛围。由南向北依次为大门、二门、刘备殿、过厅、诸葛亮殿五重。除中轴线外，又以两大殿为主体，按横轴线布置有廊道和两厢，形成三进庭院。这一系列的建筑采用了由单一到多变、由低到高的空间序列方式，将中原建筑形式与四川民居建筑建造方法结合起来，并吸收了许多外来文化及建筑技艺，在外观造型、环境空间、营造手法、选材用料、建筑装饰及色彩搭配等方面都呈现出不同于传统官式建筑的做法，具有突出的川西地方特色。惠陵位于刘备殿正西 84 米处，由影壁、山门、神道、寝殿、阙坊、墓冢及墙垣组成，依次排列于由南至北的中轴线上。墙垣外绕以红墙夹道，与古朴庄重的建筑和华美灵动的飞檐斗拱形成对比，两侧修竹茂然，苍翠相映，别有韵致。

西区（三国文化体验区）是以刘湘墓园建筑群为主体的省级重点文物保护单位。始建于 1938 年，也是西南地区唯一具有北方官式陵园特色的建筑群。锦里古街（民俗区），被誉为成都版的"清明上河图"。建筑以清末民初四川民居风格为特色，业态以三国文化和四川传统民俗文化为内涵，延续了三国文化，融入了川西民风民俗。

文化是一座城市的印记，更是一座城市的根与魂。全国各地都有三国文化，成都尤盛。三国文化已经成为天府文化的重要组成部分，不仅仅是因为这里原本是蜀国都城所在，更是因为如今留存的以武侯祠为代表的众多三国遗迹凝聚着中国传统文化重要的精髓。三国文化是影响深远的中华文化遗产，蕴含中华民族忠勇、智慧、守正、创新的坚强底色和无穷意韵，成都武侯祠正是承载这些传统文化精髓的三国遗迹之代表，以武侯祠为载体的三国文化作为天府文化的重要组成部分已融入了社会生活的方方面面。博物馆构筑于古建筑原境，旨在展示三国社会与历史的不朽观念，是今人对三国历史文化想象的物化表达。作为成都中心城区代表性文化遗产地，成都武侯祠凝聚了中华优秀传统文化"仁义礼智信""温良恭俭让"的核心品质，从古至今一直是人们崇敬和向往之处。刘备与诸葛亮是蜀汉甚至三国中最具代表性和最有影响力的人物，他们的故事体现了中华优秀传统文化的精髓。历代社会贤达、文人墨客在此咏史抒怀，感念革故鼎新的时代，倾诉鞠躬尽瘁之衷肠，让武侯祠成为数百年以来文化遗产守护传承者们的精神丰碑，昭示着文化遗产的传承与不同社会时代的发展融洽共存。

日月盈仄，星霜荏苒，历史的洪流奔过了千年百岁，成都武侯祠在经历了盛世战乱、朝代更替、纷扰变迁后，依旧像一座灯塔，屹立在成都平原的锦江河畔，指引着人们对优秀传统文化品质的追求方向。功德流何远，馨香荐未衰。如今，祠内古柏森森，遗庙沉沉，全国各地的人们慕名前来，摩肩接踵，以瞻明君良臣之仪容，思蜀汉英雄之贤能。现在人们常在这里赏园、亲水、访古、求知、拾趣、读城，俨然已经将品鉴传承三国历史文化融入了个人的日常生活。微风吹过，竹柏婆娑，仿佛在讲述着三国时期那段跌宕起伏的风云历史和蜀汉英雄的点滴往昔。中华优秀传统文化的无限魅力，也将如这森森翠柏一样，亘古常新，历久不衰。

二、等待激活的当代书写——缺乏君臣生平展的遗憾

　　成都武侯祠博物馆作为见证和传承历史文化的历史建筑遗址类博物馆，不只是一处保存历史和文物的文化遗产地，更承担着传承历史、教育大众的社会职责和时代使命。所以，作为首批国家一级博物馆的成都武侯祠博物馆，在守护好这块三国圣地和文化的同时，也通过不断举办各种类型的展览来满足人们日益增长的文化和精神需求，实现自身的社会教育职能。与传统共生的历史空间如何打破形态与身份的桎梏，回应当代社会与城市化发展进程中所出现的新的公众需求与文化精神传承要求，是一个引人注目的议题。面临认知模糊、空间限制、新旧交融等难题，成都武侯祠博物馆主动探索，经历了自我定位、空间更新、内容梳理、艺术迭代等实验性尝试，逐渐找到符合自身实际的发展之路。

　　1949 年迄今，成都武侯祠博物馆立足定位，以三国文化为基石，通过设立制度、构建理念、实践探索，逐渐摸索出以常设展览为根本，临时展览为特色与补充，交流展览为媒介的展览展陈体系，先后举办各类陈列展览，让观众领略各地特色文化艺术、感受历史文化氛围，同时将精品展览推广至全国及海外其他地区巡回展出。

　　前后推出常设展览六届，以三国文化和诸葛亮精神事迹为主题，力求对三国历史文化作较为全面系统的介绍，并注重文物陈列与室外园林艺术的有机结合，运用大量高科技手法，增强可视性、互动性、观赏性，力求给游客一个深刻体验三国文化的场所。每一届展览都是成都武侯祠博物馆努力打造"三国文化收藏、研究、展示中心和传播、体验中心"的积极尝试，对构筑和完善以武侯祠为代表的三国文化中心起到了极大作用。

　　临时展览内容丰富多样，形式灵活，是成都武侯祠博物馆展陈体系的重要组成部分。为满足国内外人们不断提高的对文化的审美需求，丰富游客在武侯祠的参观

体验，传承和弘扬优秀历史文化，成都武侯祠博物馆在有限的园林建筑中，克服展示空间不足和参观动线限制的客观条件，合理规划，大胆尝试，精心设计，策划临时展览 60 余场次，并结合成都武侯祠博物馆的"武侯祠成都大庙会""三国季"等品牌活动，获得了强烈而持续的反响。

在不断优化常设展览和更新临时展览的同时，成都武侯祠博物馆同样注重馆际交流与合作，深入挖掘自身文化优势，将优秀展览推介出去，打破文化地域界限，弘扬优秀成果，争当城市文脉传承先行典范。

近些年，成都武侯祠博物馆一直在探索富于自身特色和时代精神的发展道路，以期实现祠庙建筑、园林景致与现代展陈的交互融合，使游客在游园、赏景、观展的过程中，重塑三国文化记忆，形成情感共鸣，传承优秀传统文化，引导当代社会价值。

本次主题展览展厅位于孔明苑，地处惠陵北侧，原为听鹂馆，是一处园林式回廊庭院建筑。2007 年 2 月曾在此举办"诸葛亮专题陈列"，使之成为专门展示诸葛亮文化的区域，同时更名为孔明苑，观众可漫步在曲槛小亭间，追思诸葛亮"鞠躬尽瘁，死而后已"的精神品质和忠义智慧的文化魅力。后因展陈陈旧、硬件设施损耗较大，于 2014 年起暂停对外开放。

随着时间的推移，社会的进步，以及馆内三国文物的丰富和三国文化研究的深入，为满足人们对更加深刻地认知三国文化的需求，在展览中注入时代精神和当代元素，成都武侯祠博物馆经过多方论证及研究决定，对孔明苑进行升级改造。改造之后的孔明苑展厅将以何为主题策划展览，成为当时讨论的首要之重。为此，成都武侯祠博物馆的业务人员在深入调研观众需求、找准展览受众的基础上，立足成都武侯祠博物馆的定位——三国文化朝圣之地、国内唯一的君臣合祀祠庙和最负盛名的诸葛亮与刘备及蜀汉英雄纪念地，深度挖掘三国文化资源，进行展览选题。

　　三国历史起伏跌宕、影响深远，三国文化历久弥新、隽永悠长，具有深厚的公众认知基础，对三国英雄的认知能引起人们思想上的投射与情感上的共鸣，对三国的热忱也来源于历史记忆与个体体验的叠加与共情。然而时代犹如溪流，几经冲刷，碎片化的信息摄入割裂了公众的历史认知。

　　成都武侯祠作为刘备、诸葛亮等蜀汉英雄的纪念祠堂闻名遐迩，而祠内最主要的三处古文化遗迹当属入葬汉昭烈帝刘备及其两位夫人之惠陵、纪念刘备之汉昭烈庙和纪念诸葛亮之武侯祠，这些也是成都武侯祠的建筑主体。刘备和诸葛亮是三国蜀汉文化的代表人物。然而，放眼作为蜀汉都城的成都甚至全国，却长期缺乏刘备专题陈列，这不得不说是一大遗憾。同时，武侯祠作为诸葛亮祭祀的中心，在孔明苑辅助开设诸葛亮生平事迹相关内容展览亦能便于观众增强对诸葛亮与武侯祠的了解。在这样的背景下，打造以刘备与诸葛亮生平事迹为核心，展示历史文化名人成长道路、远大志向、奋斗历程和历史功绩的展览，既能填补长期以来二人生平展的空白，也能对武侯祠整体陈列进行极大的补充。

　　"定三分于三顾，协一德于一心。"除了两人各自的精神品质和英雄事迹外，刘备与诸葛亮之间的关系也一直被后世誉为君臣关系的最高典范，刘备称他们之间的关系是"如鱼得水"，其"仁德""忠义""智慧"等精神内核，作为三国文化的重要组成部分，至今仍影响深远。的确，如果没有诸葛亮，刘备可能一辈子辗转漂泊，寄人篱下，不可能后来三分天下有其一；如果诸葛亮没有遇到刘备，也可能一生躬耕于南阳，无法施展自己的才华与抱负。两位历史英雄人物的发展轨迹自旷千载之一遇后便交错往复，密不可分。二人感人肺腑的情谊和崇高的精神品质也是今日成都武侯祠能享誉海内外的重要原因之一。推出"刘备与诸葛亮君臣合展"，打造一个使"最古老纪念馆重生的展览"，力求在传承发展三国文化、弘扬优秀传统文化的同时，助力发展天府文化，让三国文化在新时代焕发出新的生命力。

　　再从地域上看，刘备归葬惠陵，旁即为原庙（汉昭烈庙），庙后为供奉诸葛武侯之专祠，千百年来，巴蜀人民虔诚祭拜，诚心供奉，以祈福佑。巴蜀人民对刘备与诸葛亮这两位英雄人物的生平事迹、精神品质和历史功绩等有着更为强烈的文化认同和认知需求。位于惠陵之北、刘备殿和诸葛亮殿之西的孔明苑若能开设两人之生平特展，从展览动线上看，也有着得天独厚的优势，可谓"君明臣良，旷千载而閟宫同祀；春霜秋露，历百世而俎豆弥香"。

　　共济天下君臣宜，明君良臣千古颂。作为三国文化的代表和蜀国历史的核心人物，刘备与诸葛亮二人彼此欣赏又相互成就，自两人相遇之后，三国历史也向着更加精彩和壮丽之方向发展，希望通过二人的人生轨迹和历史事迹的叙述，能够谱写一部明君良臣共济天下的历史史诗，书写一部富于当代价值的精彩且多元的三国志，并借此带给观众一次精神文化的浸润之旅。

三、实验性创设中的观念之变——历史祠庙与当代展陈的融合实践

　　成都武侯祠博物馆兼有第一批全国重点文物保护单位、国家 AAAA 级旅游景区和国家一级博物馆等多重身份，核心文物区虽然占地 55413.33 平方米，但主要建筑基本上为清代古建筑，可供布置展陈的选择很少，在如此核心与重点的文物保护区域内开辟一块上千平方米的展厅，难度可想而知。最终，考虑到面积、位置和可利用性等多种因素，策展团队把目光落在了孔明苑。

　　但由于孔明苑展厅属于开放式建筑院落，在其中进行展览设计，难度较大。其一，在开放式的条件下，无法控制光照和温湿度环境，也无法保证文物的安全。其二，苑内四周回廊面积狭长，平均宽度为 2.2 米，高度为 2.8 米，总长度

为 120.6 米，无法放置展柜、场景等展示设备，仅能保证观众的正常通行。因此，对该组建筑进行优化改造便成为解决展厅问题的唯一途径。

改造方案保留了原建筑格局，将原本开放的回廊建筑进行全封闭改造，改造后的整个展厅呈不规则六边形，展览面积 1582 平方米，包括建筑面积 1100 平方米，中庭园林 327 平方米，展厅配套用地 155 平方米，既保证了文物的安全性和展示效果，又兼顾了参观者的舒适性。

刘备与诸葛亮是三国历史的代表性人物，如何用文物来支撑这一历史人物专题展览是策展团队面临的第二个难题。其原因，一是严格考古学意义上的三国时期文物较少，二是要表现刘备与诸葛亮在不同时期事业发展的起伏和身份的变化，这给展览文物的选择提出了一定的要求。

所以我们决定将视野放大，向国内多家文博单位发出借展邀请。在综合考虑后，最终我们与襄阳市博物馆、四川博物院、凉山彝族自治州博物馆、成都文物考古研究院及成都永陵博物馆达成合作意向。策展团队在利用馆藏的大量汉、三国、晋时期文物的基础上，综合各单位藏品，最终选取了 224 件（套）精品文物，其中一级文物 14 件（套），二级文物 3 件（套），三级文物 53 件（套），包括陶器 90 件（套），金属器 84 件（套），画像砖（石）19 件（套），瓷器 3 件（套），金银玉石器 3 件（套），铁器 4 件（套），纸质文物 3 件（套），其他器类 18 件（套）。在拓展文物信息互动的同时，改变传统博物馆展览"宏大叙事"的方式，以期全面复原中华文明多元一体结构下的三国时代。

作为社会教育机构，向观众提供符合历史原真性的展览和传播真实信息是博物馆基本的社会责任与策展应该遵循的重要原则。而三国文化作为中国大众最喜欢的历史文化主题之一，对当下社会的影响不仅来源于史实，还来源于演义。大多数人接受并认可的三国人物形象就是来自小说《三国演义》的刻画。在展览中如何把握历史与演义的关系，引导观众区分文学创作与历史真实，就成为本次展览策划中格外需要注重的一个难点。

所以，策展团队在展览策划初期就拟定了一条原则：以历史真实为基础和依据，引导观众走进一个尽可能真实的三国。一般来讲，史书典籍是对历史的客观记录，但就算是严肃的史书作者也不能完全摆脱其历史局限和个人好恶而做到全然的客观公正。为此，我们在策展过程中对展览文本的每一个字、每一件文物、每一个场景和每一张配图都严加把控，细细斟酌，以正史和规范的考古发掘资料作为参考依据；有意识地树立对多种史书典籍相互比较、逐一甄别的态度，采用不同典籍上相一致的记载和已被史学界普遍认同的观点；邀请多位国内著名的三国史学专家、学者及考古学家，作为展览策划的学术顾问团队；选取出处清晰、时代界定明确的文物等。

但与中国传统文化有着千丝万缕关系的演义本身，也是在正史的基础上经过长久甚至上千年的民间积累和丰富而形成的，并且演义还可以让史实更加生动形象、丰富多彩。《三国演义》是从古至今流传最广也最受大众喜爱的演义，对于三国文化，演义已是其中必不可少的一部分。展览策划的过程中，关于如何对待故事演义，我们也曾进行过认真的研究和讨论。最终我们认为，自三国经后世历代到现在，真实历史和故事演绎已经慢慢交织缠绕在一起，互为补充，共同构成如今博大而深邃的三国文化，只要能够有利于弘扬优秀传统文化，引导践行积极正确的社会价值观，起到社会教育的作用，就不应该被摒弃。所以我们决定在以史实为基础的展览中，穿插少量演义内容于某个特定的场景，这样不仅能够丰富活跃知识内容，还易于拉近观众与历史之间的距离，提高观展兴趣，通过观众所熟知的故事，引导观众进入历史真实，了解历史，区分历史。同样，在后期的宣教活动和讲解服务的策划中也有意地穿插进故事演义，来满足观众的观展需求，增强观众的交互体验。

在确定展览意向后，展览脚本的撰写是整个策展过程中最为困难和冗长的阶段，因为这关系着展览的可操作性和总体效果。

　　展览标题的选定经过多次修正。原名为"君臣际会鱼水契——刘备与诸葛亮君臣合展"，后考虑到，一方面，作为武侯祠的常设展览，不仅要讲述刘备与诸葛亮二人的生平故事，而且要紧扣成都武侯祠君臣合祀、合祭、合展的特殊性；另一方面，名称要深入挖掘君臣"鱼水"关系背后所蕴含的历史文化内涵，彰显三国文化传颂千年、魅力无穷、云蒸霞蔚的影响力。所以最后改名为"明良千古——刘备与诸葛亮君臣合展"（简称"刘备与诸葛亮君臣合展"），取自现武侯祠二门上方悬挂的清人吴英所撰书的匾额，意为明君良弼，千古垂范。

　　在有限的展览中全面表现刘备与诸葛亮两位历史人物各自承载的历史文化及二者的关系显得尤为重要。为此，展览以三国史事为轴，刘备、诸葛亮生平为魂，君臣鱼水之情为展眼，在耳熟能详的故事中寻找动人心魄的叙事角度，在文物缺乏的历史时段中探求符合逻辑的关联物证。最终形成以"乱世浮沉　以待天时""君臣共济　蜀汉立国""兴复汉室　鞠躬尽瘁"三个部分为骨架的展陈大纲，并在大纲中插入一些大众耳熟能详、津津乐道的故事内容作为补充和丰富。

　　为弥补三国文物的不足，展示文物细节和历史背景，增强展览的感染力及与观众的互动性，引起观众的情感共鸣，策展团队在文本创作前期就考虑到了在展览中加入多媒体及艺术展项的必要性。经过深入研究每一种表现方式的优、劣势及与内容的结合程度，反复推敲，最终选用多媒体、历史场景复原及人物雕塑三种方式，并且将之有机结合，以求最大限度提升展陈效果，增强展览的艺术文化感染力。对于每一处多媒体及艺术展项所表现出的基调和语言内容也是经过长久思考、反复更改后最终确定的。

　　将传统历史的表达与展示合理巧妙地融入当代艺术，使之更富于叙事性、多样性、观赏性、趣味性和互动性，也是策展团队重点研究的目标之一。为此策展团队在从展厅选址、空间规划到观展动线设计，从场景布置、氛围营造到材质选择、光影效果等各个方面无不殚精竭虑，苦心孤诣。

在空间规划上，充分融入古典建筑美学，以园展结合为亮点，展厅改造在外观上完全遵循武侯祠作为川式园林建筑之特色，营建展厅含室内和中庭两部分，中庭打造园林景观，室内一侧始终保持开窗透景，将中庭景致纳入观展视野，为人们提供园展互映的观展体验。

展览结合文物与文本，于展线中复原多处历史场景，希望能引导观众进入特定历史氛围，通过多维度信息传递，使观众能身临其境，在更好地理解历史信息的同时，获得更加丰满且立体的观展体验。艺术雕塑的设置穿插于固定的文物之中，并结合大量的多媒体设备，辅以声、光、影像和背景烘托，利用多层次信息传递，丰富观众的感官感知，实现从展品、影像到精神、体验的深度赋予，帮助观众在艺术中理解历史。文物本身是冰冷的，唯有情感的注入才能赋予其温度并使之鲜活起来。历史也从来不是死板的定式，只有在鲜活的场景中今人才有机会与古人对话。将观众置于特定历史之中，使其设身处地，融入历史背景，触摸历史的肌理，形成情感共鸣，是我们的极致追求。

一场好的展览就像是一部经典的影片，出色的创作手法更易将观众带入影片情境之中。在展厅的设计和布置中，我们受电影艺术理论中的蒙太奇手法启迪，注重利用对比产生的"斗争和冲突"引导观众思维的辩证，揭示展览与历史之间的内在联系，通过展览表象理解历史的本质。比如选择在展厅整体前后两部分分别采用中国传统颜色中对比鲜明的殷红和苍翠为主色；在展厅一侧开窗引入室外自然光线，和展厅内部整体柔和的灯光氛围形成冲突；文物陈设的庄重稳定、场景的瞬间定格与艺术装置中宏大激烈的战争场面、多媒体中动态影像并置等。这一切看似随意的布置，无一不是策展团队为引导观众情绪，激发观众联想，揭示历史真实，启迪观众思考所做的尝试和努力。

"刘备与诸葛亮君臣合展"是成都武侯祠博物馆积极探索，经历了空间更新、内容梳理、艺术迭代等多元实验性尝试后，重点推出的基本陈列，也是在对历史建筑结构功能进行梳理和再定义后，精心打造的将祠庙建筑、历史园林与当代展陈进行深度融合的展览案例。

　　展览通过"叙事的转向""沉浸的场域""传播的共置"等方式，多维拓展文化视域，构建历史叙事，对纷繁辩证的正史与演义进行情节串联、真实解读与情景再现，试图展现习近平总书记所强调的"隽永的美、永恒的情、浩荡的气"，希望帮助观众获取历史展览的沉浸式阅读体验，最终在情境交融的折叠的空间之中对展览中所呈现的历史价值与文化内涵产生深层情感共鸣。在历史沉淀、学术讨论、情感认知、创新发展、美学呈现等多种因素的合力下，以展览书写中国精神，在作为历史景观的千年祠庙中构建叙事，探索三国君臣史诗的当代书写，在传承发展三国文化、弘扬优秀传统文化的同时，让中国精神焕发时代华彩。

明良千古

Wise Emperor and
Virtuous Prime Minister
for Eternity

一、内容导览

（一）序厅

1.前言

这是一个英雄辈出，逆流而上的时代。

日月旋转的宏图野望，沧海横流的英雄豪情，那么多闪烁着智慧与生命之美的个体，在星汉灿烂之下，播扬激荡昭彰的人生理想，逐鹿中原，酝酿着权力分合的秩序重构。在这段洪波涌动的历史河流中，刘备与诸葛亮二人相逢于乱世，风云际会，托付以家国远志。君明臣良，厚相结纳，忠信节义，一时无双，于临危之际信义相托，于险阻之中肝胆相照。浮光掠影间麈尾轻扬，揽江山，听风雨，他们共叙经纬，他们挥剑指北，他们山水跋涉，他们长揖作别。

明月昭昭，君臣义。长风起兮，鱼水契。

2.主题雕塑与艺术装置

进入序厅，首先映入眼帘的便是刘备与诸葛亮主题雕塑与《出师表》立体字艺术装置（图2-1）。

主题雕塑是历史人物类展览传神之亮点，同时，主题雕塑所处的序厅，是展馆的观展起点，起到调动观众观展情绪的作用。这一组刘备与诸葛亮铸铜人物雕塑以对望的情景演绎，还原刘备与诸葛亮相知相遇的历史节点，展现了二人互动对谈的故事场景。雕塑整体造型语言采用半写实半写意的塑造手法。其中，人物的头部与手部等重要结构，以写实塑造保留人物的形象特征；服饰形体则采用写意的造型手法，呈现人物的动态，塑造其气韵。同时也强调了不同衣服材质的纹理对比，加强雕塑的造型层次感。

诸葛亮造型着重于塑造其器宇轩昂的形象气质，还原诸葛亮"身长八尺，容貌甚伟"的历史形象特征。刘备造型则兼具帝王的威严与仁君的宽厚，表现刘备谦而不卑、求贤若渴的人物形象气质。在《出师表》的背景墙下，人物谈笑间的姿态，为展览即将揭开的历史洪流，写下了明君良臣的最佳注脚。

序厅中通过将书法字体作为整个展厅宏大的开篇背景，使空间成为三国文化的读本，文学与艺术成为空间潜在的内涵。徐徐步入，层层莹润的自然光线透过一个个书法字体的墨韵滑落于空间之中，让一个个字体宛若随天光倾泻而下，让整个序厅充满着光影动感（图 2-2）。

3.刘备与诸葛亮身份档案

刘备于公元 161 年生于幽州涿郡涿县（今河北涿州市），是汉景帝之子中山靖王刘胜的后裔。熹平四年（175），刘备 14 岁，与同宗刘德然、辽西公孙瓒一起拜原九江太守、同郡卢植为师。中平元年（184），黄巾起义爆发，23 岁的刘备因镇压起义军有功被封为安喜县县尉，开始登上东汉末年的政治舞台。公元 221 年，刘备在曹丕篡汉建魏后，于成都称帝，国号"汉"，年号"章武"。同年，刘备以为关羽报仇的名义，发兵讨伐东吴。次年刘备兵败退至永安。章武三年（223）三月，刘备托孤于诸葛亮，夏四月，刘备病逝，享年 63 岁，谥号昭烈帝，葬成都南郊惠陵。

刘备具有宽厚仁义亲民的政治风格，最符合中国传统的政治思想理念，强调"德治""仁政""以德服人"，要用自己的人品、高尚的道德来影响臣民，征服百姓。他十分注重自身品德人格的修养，树立贤德之君的风范，临终时仍不忘留下遗诏告诫刘禅："勿以恶小而为之，勿以善小而不为。惟贤惟德，能服于人。"正是这个

貞良死節之臣願陛下親之信之則漢

之隆可計日而待也臣本布衣躬耕於南

陽苟全性命於亂世不求聞達於諸侯先

帝不以臣卑鄙猥自枉屈三顧臣於草廬

之中咨臣以當世之事由是感激遂許先

帝以驅馳後值傾覆受任於敗軍之際奉

命於危難之間爾來二十有一年矣先帝

军向宠性行淑均晓畅军事试用之于昔
日先帝称之曰能是以众议举宠为督愚
以为营中之事悉以咨之必能使行阵和
睦优劣得所亲贤臣远小人此先汉所以
兴隆也亲小人远贤臣此后汉所以倾颓
也先帝在时每与臣论此事未尝不叹息
痛恨于桓灵也侍中尚书长史参军此悉

图2-2　序厅《出师表》书法字体背景

"惟贤惟德，能服于人"的基本政治理念，铸成了刘备一生受人敬重的政治品格，成就了刘备的一生霸业。

诸葛亮于公元181年出生于琅邪郡阳都县（今山东沂南县）。诸葛氏是琅邪望族，其先祖诸葛丰曾任汉朝司隶校尉，父亲诸葛珪于东汉末年任泰山郡丞。他父母早亡，由叔父诸葛玄抚养长大，因徐州之乱，避乱荆州，隐居乡间耕种。后受刘备三顾之恩，出山辅佐。促成孙刘联军，抗击曹军。受刘备托孤，辅佐刘禅，亲自领兵南征，平定南中。多次领兵北伐曹魏，均未成功。后于公元234年病逝于北伐前线。诸葛亮对后代的教育也非常重视，他作《诫子书》，教导后代"非淡泊无以明志，非宁静无以致远"。

对于刘备与诸葛亮的人物生平，展览突破以往单纯以时间为线索的叙述手法，采用"人物档案"的形式进行设计，展示信息包括姓名、生卒年、婚姻等，通过这种展示手法拉近了历史人物与观众的距离，消除了历史隔阂感（图2-3、图2-4）。

（二）第一单元　乱世浮沉　以待天时

东汉延熹四年（161），刘备生于幽州涿郡涿县。乱世之中，家道没落，以贩履织席为生。刘备同关羽、张飞参与讨伐黄巾军，后随同群雄逐鹿中原。曾先后投奔公孙瓒、陶谦、吕布、曹操、袁绍、刘表等人，四处奔波，寄人篱下，少有成就。然崎岖百折，其壮志未消；创巨痛深，其弘毅不改；颠沛之际，其信义逾明。而诸葛亮幼年失怙，避难荆州，17岁后隐居隆中，蛰伏十年，研读诸子治世之学，有逸群之才；交游名士，与庞统并称"卧龙凤雏"，名重当时。

群雄割据，艰难创业。凤栖梧桐，以待天时。

1.创业时艰

刘备早年失怙，与母亲相依为命，好结交豪侠，当地少年争相依附。东汉末年，黄巾起义，朝廷号召各州郡举义兵协助讨伐，刘备以"涿县义军首领"的名义抗击黄巾军，偕同关羽、张飞，开始了他长达40年的创业之路（图2-5）。

"东汉末年形势图"综合展项，以水墨动画多媒体和实景地图装置结合的方式，讲述东汉末年天下大乱群雄割据的形势，拉开整个三国时代的序章，水墨与沙画互

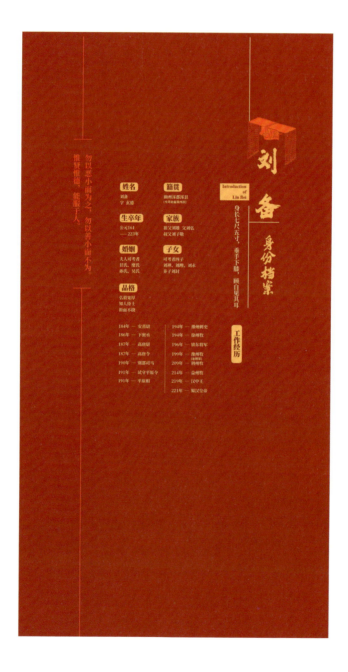

图2-3 刘备身份档案

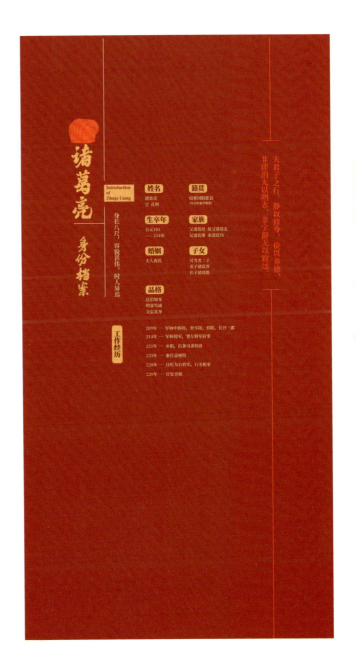

图2-4　诸葛亮身份档案

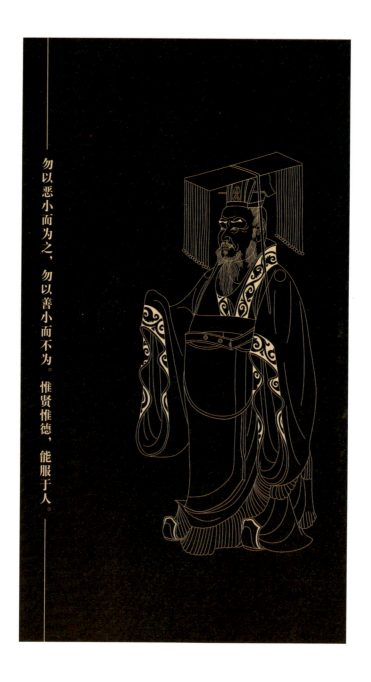

勿以恶小而为之，勿以善小而不为。惟贤惟德，能服于人。

图2-5 刘备画像

动演绎，豪迈激昂。

东汉末年，汉室衰微，豪杰并起，跨州连郡者不可胜数。视频中运用水墨淡彩的形式表现乱世格局变化，为了使观众更真切、更清晰地了解东汉末年乱世之象，影片构架设计为三段结构：首先是东汉末年，以水墨动画描绘东汉末年宦官外戚祸乱朝纲，海内兵连祸结的动荡景象，铺垫天下大乱，群雄将起的时代背景；然后是群雄并起，在地图上将东汉末年各方军阀势力范围勾勒出，以群雄的台词烘托天下大争之势的激昂壮阔；最后是大战在即，地图已被群雄分割殆尽，战火硝烟燃起，中原大地尽归于火焰之中。画面中，一只苍鹰飞过墨色的山峦，一阵杀伐之声从前方传来。鹰伸展羽翼俯瞰一片混乱的战场，黄巾军和官兵正在交战。城墙望楼之上，汉末的宦官们正在观望战局，漆黑的墨色展现他们内心的压抑与阴霾。望楼之下是百万之众的黄巾军，他们持旗而立，气势恢宏，领头的黄巾军首领揭竿而起。各色战旗纷纷立起，象征着群雄割据时代的到来。翻卷的旗帜下，十三州的轮廓和州名"生长"而出，公孙度、公孙瓒、袁绍等的人物剪影和姓名、语录出现在他们割据的位置上。点点火星从群雄交战的位置燃起，最终燃遍整张地图，象征着中原大地进入了战火纷飞的时代。

视频解说词

　　　　东汉末年，兵连祸结，曾无虚岁。

　　　　内有常侍之乱，外有黄巾之变。

　　　　天下众士揭竿而起，群雄悬旗割据，竞相而出。

　　　　张角（？ -184）：苍天已死，黄天当立！

　　　　袁绍（？ — 202）：天下健者，岂惟董公！

　　　　孙策（175—200）：策虽暗稚，窃有微志！

　　　　刘表（142 — 208）：牧受吊，不受贺也！

董卓（? － 192）：刘氏种不足复遗！

刘璋（? － 221）：无恩德以加百姓，何心能安！

曹操（155 － 220）：宁我负人，毋人负我！

刘备（161 － 223）：夫济大事，必以人为本！

群雄汇聚　大战在即

三国时代　即将开启

公元 184 年，黄巾起义爆发，刘备率关羽、张飞参与讨伐黄巾军，后与群雄逐鹿中原。在这期间，他怒鞭督邮，展露出不畏强权的松柏品质；义救孔融，彰显了信义为先的君子品行。在历经坎坷的创业途中，刘备百折不挠的精神，更获得了毕生对手曹操的认可。

（1）王气初显

《三国志·蜀书·先主传》记载，刘备故里屋舍东南有桑树一株，枝繁叶茂，形如车盖，来来往往的人都很惊奇这棵非凡的大树，有人说这里将来会出大富大贵的人。刘备儿时曾戏言"吾必当乘此羽葆盖车"，意思是说自己长大了一定会乘坐这样的羽葆盖车。羽盖车为天子所乘，叔父刘子敬因此训斥他："不要胡言乱语，小心招灭门之祸！"由此可见，刘备少年时已有"终不为人下"的鸿鹄之志（图2-6）。

（2）怒鞭督邮

刘备年轻的时候，也做出过一些英雄豪杰之举，比如"鞭打督邮"。不同于陶渊明略带文艺气息的"挂印归田园"，刘备的辞官方式可谓简单粗暴。据史书记载，刘备在担任安喜县县尉的时候，郡内督邮要清洗因军功而任职于地方行政机构的官员。刘备主动求见督邮，打探虚实，没想到督邮摆架子不见他。年轻气盛的刘备怒不可遏，直接带

图2-6 "王气初显"古籍记载

人进入督邮住所，将其捆绑起来，打了二百板子；接着把自己系官印的绳子一头绑在督邮的脖子上，另一头绑在拴马桩上，然后放弃官职逃往外地（图2-7）。《三国演义》中为彰显刘备之"忠厚"，改"鞭打督邮"乃张飞所为。

　　《三国演义》等文学作品为照顾刘备"仁义爱民"的宽厚形象，就把这件

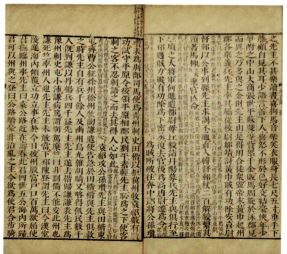

图2-7　"怒鞭督邮"古籍记载（左）

图2-8　"义救孔融"古籍记载（右）

事情张冠李戴到了"嫉恶如仇"的张飞身上了，可谓是非常典型的文学创作案例。

（3）义救孔融

天下名士孔融在担任青州北海国国相时，被黄巾军围城，情况危急。后派遣太史慈求救于刘备。刘备此时兵力不多，听到天下名士孔融向自己求救，不由得惊叹："孔北海竟知世间还有个刘备呢？"随后，刘备派遣手下三千兵士相助孔融，北海之围遂解（图2-8）。刘备义救孔融的消息很快传遍海内，他的社会声誉和名望也得到了极大的提高。正如诸葛亮在《隆中对》中所言，刘备在当时确实是"信义著于四海"。

图2-9 "恩若兄弟"层景实景

（4）恩若兄弟

《三国演义》中，"桃园结义"的故事不仅最为著名，而且影响力巨大。刘备、关羽、张飞三人在张飞家桃园中，杀乌牛白马，祭告天地，立下"同心协力，救困扶危；上报国家，下安黎民；不求同年同月同日生，只愿同年同月同日死"的誓言，结为异姓兄弟，后一同匡扶汉室，建立蜀汉政权（图2-9）。而遗憾的是，"桃园结义"在真实的历史上并无记载，并非实有其事，而属于艺术创作。"桃园结义"的故事，最早出现于元代。元代《三国志平话》中有《桃园结义》一节，元代杂剧中也有无名氏撰写的《刘关张桃园三结义》一剧。后人依据史书，对刘关张的事迹进行润色加工，"桃园结义"的故事应运而生，最后在《三国演义》一书中得到定型。

"桃园结义"故事的创作，亦有一定的史实依据。蜀汉大臣费诗曾对关羽说过：

"王与君侯譬犹一体，同休等戚，祸福共之。"《三国志》中亦有记载，刘关张三人"恩若兄弟""义为君臣，恩犹父子"等，应为"桃园结义"的最初依据。

（5）刘备辗转地图

该展项以视频动画的形式展现东汉末年的天下形势，以地图上游动的路径线条表现刘备从与关羽、张飞相遇到在汉中称王的行动轨迹，以路径线条上展开小窗口的形式，讲述刘备在公元 194 年至公元 219 年遇到的大事件。将中国风水墨、手绘等制作技法相结合，风格古朴、明晰、细腻。

影片构架分为两部分，首先是天下之势，以地图投影的方式，直接生动地展示东汉末年的天下势力分布图，以一个骑马之人的图腾作为刘备的标记，自涿县出发，开始在地图上移动；然后是辗转之行，在地图上以延伸的路径线条刻画刘备自涿郡辗转流离在诸方势力之间的行动路线。

在刘备辗转过程中以弹出水墨淡彩插画的形式突出展示三个关键节点，分别是公元 184 年刘备于涿郡，与关羽、张飞二人相遇相知，恩若兄弟；公元 198 年刘备于许昌，与曹操青梅煮酒，论尽天下英雄；公元 219 年，刘备于汉中，经过多年打拼，终于得以称王。

图2-10 "煮酒论英雄"场景

（6）煮酒论英雄

"煮酒论英雄"是《三国演义》中的经典情节，也称"青梅煮酒"，讲述曹操在宴饮中试探刘备是否具有称霸之野心，被刘备巧借惊雷来瞒过一事。这一故事并不见于正史，是《三国演义》的作者罗贯中根据《三国志》的相关记载改编而成。

在"煮酒论英雄"场景式展项中，背景环境为具有汉代风格的木亭，曹操在亭下设席招待刘备，几案上摆放耳杯两只，曹操挥斥方遒、高谈阔论，刘备正襟危坐、神情肃穆，但筷子和羹匙却掉落于地，背后多媒体投影显示着"天下英雄，唯使君与操耳"和"先主方食，失匕箸"等史料文字。这一场景将曹操、刘备两位大英雄的对谈定格在一瞬间，既有曹操睥睨天下的气势，又有刘备慌乱之下的从容与镇定，既有英雄相惜的畅快，也有相互对峙的激烈交锋，故事性与氛围感兼具（图2-10）。

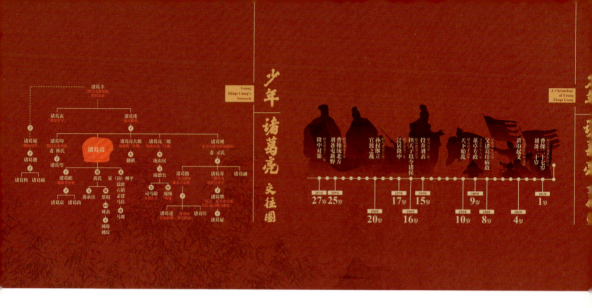

图2-11　少年诸葛亮交往圈和事件簿

2.隆中耕读

　　叔父诸葛玄去世后，诸葛亮不愿依附他人，带弟弟诸葛均来到隆中结庐而居，开始了十年的隐居生活。这一时期的荆州英才云集，如王粲所言："士之避乱荆州者，皆海内之俊杰也。"十年间，诸葛亮啸傲山林，躬耕陇亩，习经史、交名士，增广见闻，蓄养胸中浩然之气，静待明主之顾（图2-11）。

　　在"隆中耕读"场景中，以汉代殷红为空间的主要色调，其中一抹静谧的苍翠格外显眼。舒缓的远山小景层叠而生，诸葛亮塑像捧书而立，青绿山水的悠扬、千里江山的壮丽让观众从战火的时代回到这片刻的宁静。空间、视觉的差异性和文物与多媒体的配合，呈现出诸葛亮从少年到青年在隆中耕读的场景（图2-12）。

凤翱翔于千仞兮，非梧不栖。

士伏处于一方兮，非主不依。

乐躬耕于陇亩兮，吾爱吾庐。

聊寄傲于琴书兮，以待天时。

——罗贯中《三国演义》第三十七回

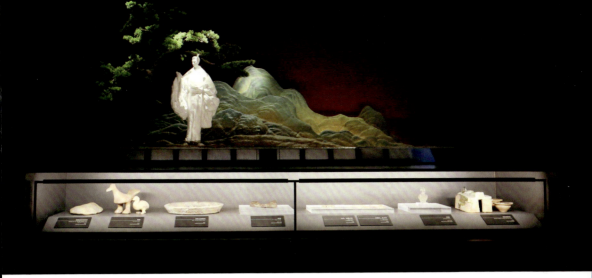

图2-12 "隆中耕读"场景

（1）古隆中

此处亦介绍了古隆中的环境背景。古隆中位于湖北省襄阳市以西的西山环拱之中，"山不高而秀雅，水不深而澄清；地不广而平坦，林不大而茂盛"。据《舆地志》记载："隆中者，空中也。行其上空空然有声。"隆中因此而得名（图2-13）。

（2）少年诸葛亮

通过视频讲述诸葛亮幼年失怙，避难荆州，在南阳躬耕读书的过往。以三维青绿山水为动画背景，动态展现少年诸葛亮的成长历程，影片采用全特效CG（计算机动画）建模，色彩活泼鲜明，节奏轻盈明快，充分展现出少年诸葛亮俊逸超群的风度与神采。

视频构架分为三部分，首先是乱世之中，战火蔓延至琅邪，身为琅邪望族的诸葛亮家族遭受战乱之害；然后是幼年诸葛亮与家人以及百姓们为了躲避战乱而长途迁徙；最后是少年诸葛亮隐居隆中，躬耕陇亩，拜师结友，蓄势待发。

图2-13　"古隆中"牌坊

（3）自比管乐

在隆中耕读的诸葛亮胸中有着浩然之气，时常高歌《梁父吟》，并自比管仲和乐毅。管仲和乐毅是春秋战国时期的名相与名将，一个辅助齐桓公成就春秋霸业，一个辅助微弱的燕国灭了齐国70座城池。诸葛亮希望自己有一天也能像管仲、乐毅一样出将入相，力挽狂澜，因此他一直躬耕陇亩，静待明主来访（图2-14）。

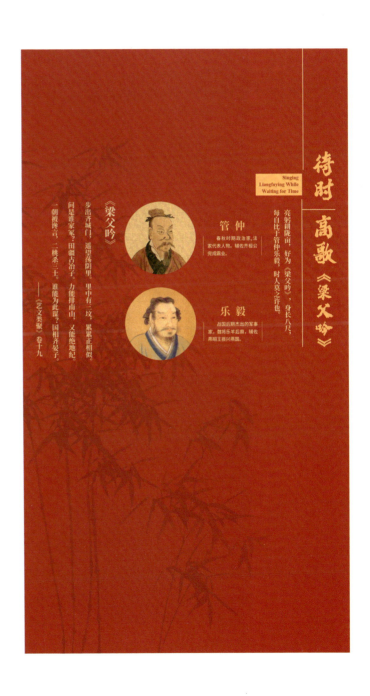

待时 高歌 《梁父吟》

Singing
Liangfuying While
Waiting for Time

亮躬耕陇亩，好为《梁父吟》，身长八尺，每自比于管仲乐毅，时人莫之许也。

《梁父吟》

步出齐城门，遥望荡阴里。
里中有三坟，累累正相似。
问是谁家冢？田疆古冶子。
力能排南山，又能绝地纪。
一朝被谗言，二桃杀三士。
谁能为此谋？国相齐晏子。
——《艺文类聚》卷十九

管 仲
春秋时期政治家，法家代表人物。辅佐齐桓公完成霸业。

乐 毅
战国后期杰出的军事家，魏将乐羊后裔，辅佐燕昭王振兴燕国。

图2-14　"自比管乐"版面

图2-15　青瓷辟邪形器（上）
图2-16　透雕花纹"四神"铜熏炉（下）

3.重点文物

（1）三国·青瓷辟邪形器

器形似为一辟邪，昂首瞠目，龇牙咧嘴，脖子和背部刻披挂狮鬃，腰身处刻羽翼，躯体健壮，长尾垂贴，背部置一圆柱形插管与体内相通，体内中空（图 2-15）。

（2）三国·透雕花纹"四神"铜熏炉

四神即青龙、白虎、朱雀、玄武。该器形似玄武，造型别致，盖身以活动联轴相连，构思精巧。器盖呈球面形，镂刻三只首尾相连的白虎，顶立一朱雀，炉身一侧有一龙形手柄。器足则为双手抱膝人形，作奋力抬炉状（图 2-16）。

（3）三国·严氏作铜锁

锁的正背面边沿饰锯齿纹，一面有隶书体"严氏作"铭文，意为由姓严的锁匠加工制作。从质地和做工来看，该锁非常精致，堪称工匠精神的代表作品。而使此锁被称为"连心锁"的不凡之处在于，当年两锁出土于将军夫妇双棺之间，且并未同实用器物放在一起，考古专家推测两位墓主人希望在阴间继续做夫妻，因此赋予其"连心"之意（图 2-17）。

（4）东汉·凤阙画像砖

凤阙画像砖是四川汉画像砖中的精品，它用浅浮雕刻画出主阙、子阙、屋顶瓦垄及檐下椽柱等结构，层次清晰，富有立体感。建筑为重檐双阙，两阙外后侧各有子阙，其间的"连阙曲阁"又称"罘罳"，屋楼正脊上饰一展翅欲飞的凤鸟，外形雄伟壮观，体现出汉代建筑设计的精巧（图 2-18）。

（5）东汉·门阙山峦猛虎画像砖、东汉·竖幅生活起居画像砖

门阙山峦猛虎画像砖，每层山峦空隙间饰有猛虎。生活起居画像砖两块，自下而上分隔为六层，构图讲究，时代特征比较明显，画像中穿插的许多画面及装饰图案都是汉代普遍采用的题材，内容涵盖了山水、人物、神兽、屋宇、亭阙等元素以

图2-17　严氏作铜锁（上）
图2-18　凤阙画像砖（下）

阙山峦猛虎画像砖（中间）
幅生活起居画像砖（左右）
ORTRAIT BRICK PATTERNED WITH MOUNTAINS AND TIGERS
(MIDDLE)
TICAL PORTRAIT BRICK OF DAILY LIFE（LEFT AND RIGHT)

东汉 襄阳市博物馆藏

门阙山峦猛虎画像砖，每层山峦空隙间饰有猛虎，
两侧对称相向饰有两只侧身呈上山姿势的立虎；双
间饰有一只右向的侧身立虎。生活起居画像砖两
呈扁长方体，自下而上分隔为六层，内容涵盖了山
人物、神兽、屋宇、亭阙等物象以及车骑、乐舞、
等生活场景，画面丰富，工艺精细。

图2-19　门阙山峦猛虎画像砖（中间）、竖幅生活起居画像砖（左右）

及车骑、乐舞、射猎等生活场景，反映的是当时豪强地主的真实生活，更是难得的记录当时社会生产的实物资料。这一组画像砖中所勾勒的场景，反映出荆州在乱世中难得的太平景象，也展现了当时诸葛亮隐居山林、躬耕陇亩的安逸生活环境。正是在这样的环境中，诸葛亮拜名师，结良友，分析天下时势，养蓄满腹经纶，静待天时（图2-19）。

（二）第二单元　君臣共济　蜀汉立国

刘备在荆州蹉跎数年，自觉老之将至而功业未建，深感贤才难得，问策于水镜先生。司马徽向其举荐诸葛卧龙，刘备乃三顾草庐，以其赤诚打动诸葛亮，并以"兴复汉室"之大业相托，孔明遂向其献策，建议刘备据有荆益，三分天下，与曹操、孙权分庭抗衡，此即名垂千秋的"隆中对"。君臣相遇，希世一时；和衷共济，以宁社稷。诸葛亮出山后助刘备先据荆州，又进取益州。公元221年，年逾六十的刘备于成都武担山之南称帝，绍继汉统，建立蜀汉政权。

草庐一对，谋划三分。君臣际会，如鱼得水。

1.君臣际会

刘备求贤若渴，在隆中三顾茅庐，以其赤诚请得诸葛亮出山，君臣二人的发展轨迹由此交错往复，密不可分。诸葛亮因势利导，筹策三分。在其辅佐之下，刘备如鱼得水，广揽名士，巩固势力，更联吴抗曹赢得赤壁之战，奠定了三国鼎立之基础。

此处设置"隆中对"艺术展项，以实景沙盘结合多媒体及人物雕塑，全景式展现刘备三顾茅庐与诸葛亮隆中对话的情形。场景中，刘备与诸葛亮一坐一站，形成以非对称美学塑造展厅空间动势的效果（图2-20）。场景的发生地是在诸葛亮的草庐中，诸葛草庐坐落于茂林修竹之中，造型古朴典雅，展项中的陈设布置生动，再现了当年诸葛亮寓居隆中时的生活（图2-21）。

屋内二人正在热烈地讨论着天下大事，站立着的诸葛亮精辟透彻地分析天下形势，端坐着的刘备入神辨听诸葛亮的分析。二人身后的竹架上挂着地图，身前则是隆中草庐的沙盘模型，显示出诸葛亮虽隐居山林，却有剖析天下大势的远见卓识（图2-22、图2-23）。

图2-20 "隆中对"艺术展项

  多媒体视频用三幕剧的形式，结合实景装置和同期声，展现一段君臣相得的千古佳话。延续水墨淡彩的画面视觉效果，参考古画质感，运用全特效CG建模将刘备三次到访情节生动地展示给观众。

  影片利用季节的更替将"三顾茅庐"的过程和人物关系完整地表现出来：刘备和关羽、张飞第一次来到茅庐时，诸葛亮已外出，书童说不知什么时候回来，刘备只好回去了；后刘备、关羽、张飞顶风冒雪，二顾茅庐，只见诸葛亮弟诸葛均，方知诸葛亮已出游，刘备留下一笺，表达倾慕之意，希望得到诸葛亮的帮助，平定天下；又过了一段时间，刘备与关羽、张飞三顾茅庐，适逢诸葛亮在家，但昼寝未醒，刘备吩咐关羽、张飞在门外等候，自己徐步入门，画面暗下，似有似无的讨论声音渐起。

  视频播放设备采用竖式屏幕，立于"隆中对"场景之前，仿佛草庐的柴门，视频结尾画面暗下，《隆中对》声音渐起，将观众视线引入场景。观众似乎与刘备一起进入场景中，观看了这至关重要的一次会面。

图2-21　草庐场景细节

 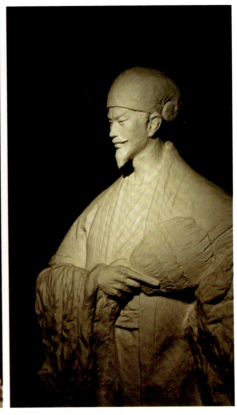

图2-22　"三顾茅庐"场景中刘备雕塑细节（左）
图2-23　"三顾茅庐"场景中诸葛亮雕塑细节（右）

图2-24　"赤壁之战"版面

（1）德及黎庶

自从聘得卧龙，刘备按照诸葛亮制定的方略，暗中积蓄力量。建安十三年（208），荆州牧刘表亡故，其子刘琮继位，意欲投降曹操，曹操便集中全力攻击刘备。刘备此时驻军樊城（今湖北襄阳市樊城区），未料到曹操亲自领军杀来，眼见曹军势大兵强，刘备率领军马撤出樊城向南而行。刘备到达襄阳时，地方豪杰及荆州官员、百姓，纷纷前来投奔，"比到当阳，众十余万，辎重数千辆，日行十余里"。有人劝刘备先行，仁德之主刘备在此时喊出了响亮的口号："夫济大事，必以人为本，今人归吾，吾何忍弃去！"

（2）联吴抗曹

建安十三年（208），曹操率大军南下，刘备势力生死存亡之际，诸葛亮挺身而出，远赴柴桑（今江西九江），劝服孙权联刘抗曹。诸葛亮客观分析三方形势以及孙刘并力合谋打败曹军的可能性，指出唯有联合才能抵抗强敌，孙权最终与群臣达成联刘抗曹的决心。后孙刘联军大破曹军，曹操狼狈北逃。

（3）赤壁之战

赤壁之战，是中国历史上著名的以少胜多、以弱胜强的战役之一，是三国时期"三大战役"中最为著名的一场。曹军内部疾疫流行，加之不擅水战，故

将船只首尾相接。孙刘联军用火攻大破曹军，曹操狼狈北逃。这场孙刘联盟的胜利将东汉末年的混乱时局引向了三国鼎立的局面（图 2-24）。

　　"赤壁之战"艺术展项以实景结合动态多媒体的形式，使用碳素结构钢、胡桃木、聚乙烯、滴胶等多种材料制作道具，辅以原创背景音乐、专业舞台 LED 投射灯，通过声光电多媒体配合，生动立体地展现赤壁之战火攻的场景。多媒体搭配实景船骸的模式充分还原赤壁之战的宏伟场面，战船破裂的动态展示充分还原战争真实感，场面气势恢宏，撼动人心（图 2-25）。

　　视频开始于一片夜色中的平静江面，对阵双方的船队在江面上对峙。曹军的船只间以铁锁相连，一队满载干草的小船快速驶向曹军，如流星划破江面，渐渐显现双方战船的队形。一艘艨艟快速撞向铁锁相连的曹军船队，伴着艨艟冲撞产生的火光，远处带火的箭矢也密密地射向曹军所在的方向。曹军的战船接连燃起，江面隐隐发出红光。从一支火箭到万箭齐发，整个湖面变成一片箭的火海，湖面被强劲的风吹动着，火势越来越大，曹军的战船因相互被铁链锁住，无法脱逃，成了一片火海，曹军帅旗被烧，倒入江面。视频运用全特效 CG 角色动画反复测试、精准对位，与复原场景一同为观众呈现了赤壁之战中最激烈、最惊心动魄也是最脍炙人口的精彩场面。

图2-25 "赤壁之战"艺术展项

2.武担称帝

建安二十五年（220）十月，曹丕受禅称帝，建立曹魏政权。益州百官上书刘备，希望他承袭汉祚，续接帝统。在诸葛亮等人的劝说之下，建安二十六年（221）四月初六，刘备在成都武担山南祭天称帝，上继汉统，正式建立蜀汉政权，改元"章武"。

（1）刘备入蜀

建安十六年（211），刘璋邀刘备入蜀。次年二人反目，刘备领兵南进攻打刘璋。在庞统辅佐下，刘备攻白水（今四川青川县白水镇），袭涪城（今四川绵阳市），夺绵竹（今四川德阳市黄许镇），取雒城（今四川广汉市），与诸葛亮会合于成都，刘璋见大势已去，开城出降，刘备占领成都（图2-26）。

图2-26 刘备入蜀路线图

（2）进取汉中

建安二十三年（218），刘备听从法正建议，率众进军汉中。刘备与夏侯渊在阳平关对峙一年有余。此时，诸葛亮镇守成都，"足食足兵"，为刘备作战提供了有力支援。

建安二十四年（219），刘备军抢占战略要地定军山，黄忠一举击杀对方主帅夏侯渊。刘备占据战略主动，虽然此后曹操亲临汉中，但刘备兵士占据险要地势，始终不与曹军大规模正面作战。随着伤亡增加，曹操无奈放弃汉中，刘备得到汉中，全据益州，为后续蜀汉立国奠定了重要基础。

（3）汉中称王

建安二十四年（219），刘备于沔阳（今陕西勉县勉阳镇）设坛场，陈兵列众，

图2-27　为汉中王设坛处场景

群臣陪位，读奏讫，御王冠。这里设计的汉中称王碑复原碑刻，使观众更加直接真切地感受到当时刘备称王的盛况和被千秋传颂的功绩（图2-27）。

（4）群臣劝进

据《三国志·蜀书·先主传》载，太傅许靖、安汉将军糜竺、军师将军诸葛亮、太常赖恭、光禄勋黄柱、少府王谋等上言："伏惟大王出自孝景皇帝中山靖王之胄，本支百世，乾祇降祚，圣姿硕茂，神武在躬，仁覆积德，爱人好士，是以四方归心焉。考省灵图，启发谶、纬，神明之表，名讳昭著。宜即帝位，以纂二祖，绍嗣昭穆，天下幸甚。臣等谨与博士许慈、议郎孟光，建立礼仪，择令辰，上尊号。"

（5）武担称帝

武担山位于今四川成都市江汉路，相传其为古蜀王开明王妃的墓冢，见证了蜀汉历史，由武担山的位置我们也能推测出当年刘备皇宫的大体位置。"武担称帝"场景以多媒体结合实景装置，运用全特效CG动画、风格化渲染、真人拍摄等手法，还原刘备在武担山称帝封禅的历史场景，整体风格庄严肃穆，气势恢宏。

场景展现刘备称帝登基时的壮观场面，背景为成都武担山南麓，宽平的土地正中，有四方土坛一座，上有台阶数层。坛场四周，精兵护卫，气象肃穆。群臣背南向北而立，刘备身着帝王冕服，头戴冕冠，手执诏文，在文武百官的簇拥之下，登坛祭天，从此开启了汉室基业的新纪元（图2-28）。

多媒体视频中，在破晓之际，朝阳缓缓露出地平线，曙光缓缓点亮夜空，将大地分割，唤出黎明。镜头推进，一轮红日逐渐露出，光辉映红了整片天空，初升的太阳俯瞰着成都平原，诏书卷轴从上方缓缓落下，进入鼎的瞬间，火焰与青烟渐渐升起，青烟缥缈之下，诏书文字缓缓展现。青烟之中的文字逐渐淡去，青烟散去，天台之上，燃烧的鼎前出现刘备的剪影形象，朝阳的下方出现益州城墙的剪影，展现刘备登基大典全景，文武百官列阵两旁，剪影微动，高声庆贺刘备登基。

（6）刘备治蜀

首先是任用贤能。刘备既克成都，为巩固统治，稳定政局，除将张飞、关羽等旧部升官晋爵外，还对董和、黄权、李严等刘璋旧部"礼而用之"，乃有"有志之士，无不竞劝，益州之民，是以大和"之局面（图2-29）。

其次是严明法制。为革除刘璋统治益州之时"政令多阙、益州颇怨""德政不举，威刑不肃"之弊，刘备命诸葛亮、法正、伊籍、刘巴、李严共造《蜀科》，赏罚信明，内外皆同。

再次是充实府库。刘备初定益州，军用不足，因此采刘巴谏，"铸直百钱，平诸物贾，令吏为官市"，"数月之间，府库充实"；另设司盐校尉和司金中郎将，行盐铁官营，利人甚多，蓄积丰饶。

最后是振兴文教。刘璋统治时，蜀地"丧乱历纪，学业衰废"。为改变现状，刘备令许慈、胡潜为学士，与孟光、来敏等"典掌旧文"，又设典学从事、劝学从事等官职，开馆办学，劝励学子，倡导文风。

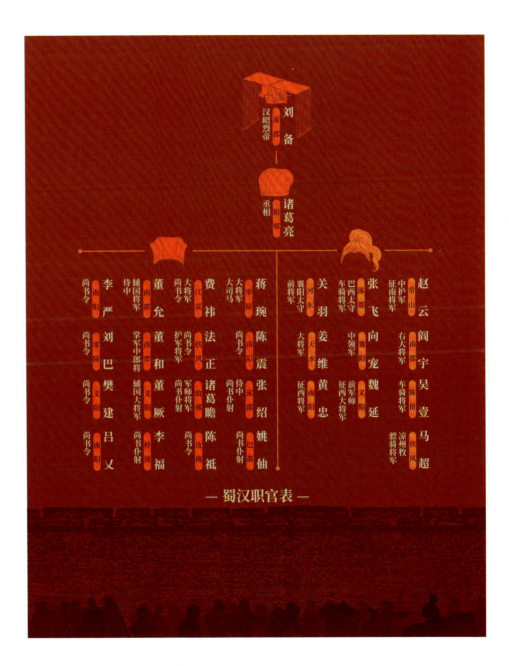

图2-28　"武担称帝"场景（左页）

图2-29　蜀汉职官表（右页）

3.白帝托孤

章武元年（221），刘备挥师东征，在猇亭（今湖北宜昌市）布兵列马。两军相持近一年后，东吴主帅陆逊借近溪傍涧之势，以火攻大败蜀汉军队。刘备退守白帝城后一病不起，将诸葛亮招至永安宫向其托孤。

（1）夷陵之战

夷陵之战又称刘备东征、猇亭之战，是三国时期吴蜀两国之间唯一的一次战争，也是三国"三大战役"的最后一场战役。

公元219年，孙权袭取荆州，后擒杀关羽。章武元年（221）初，刘备在成都称帝后，同年七月，不顾诸葛亮、赵云等大臣的劝阻，以替关羽报仇为由，亲自挥兵东征，气势强劲，与陆逊相持于夷陵。后陆逊以火攻之计使刘备败退。夷陵之战打破了三国鼎立的局面，刘备也在战败后病逝于永安宫（图2-30）。

"夷陵之战"艺术展项运用两台多媒体投影，在展厅地面投射出火焰与水波纹光影效果，对通道空间进行渲染，将水与火的交战氛围展现得淋漓尽致，让观众直观感受到"屯兵江岸"与"火烧连营"的历史场面。

（2）托孤受命

章武二年（222），刘备退守白帝城后一病不起，将诸葛亮招至永安宫向其托孤。

"白帝托孤"场景式展项体现的是刘备在弥留之际将国家大事托付于诸葛亮的情形，在白帝城刘备的寝宫中，灯光微暗，刘备卧于病榻一侧，诸葛亮表情凝重，近侍以听召，跪接刘备的遗旨。场景中偏昏暗又聚焦人物的灯光效果，将刘备东征失败一病不起后向诸葛亮交代身后之事时的悔恨、遗憾和不舍，以及诸葛亮面对君主病逝的痛楚和不安清晰地表现出来，也渲染出二人之间不言而喻、意味深长的深厚情谊（图2-31）。

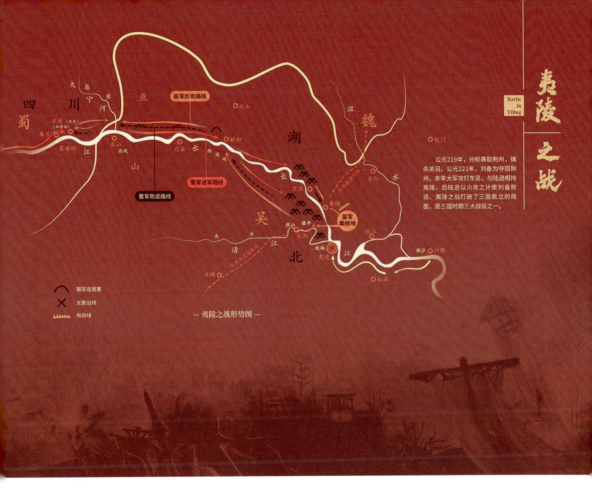

图2-30 "夷陵之战"版面

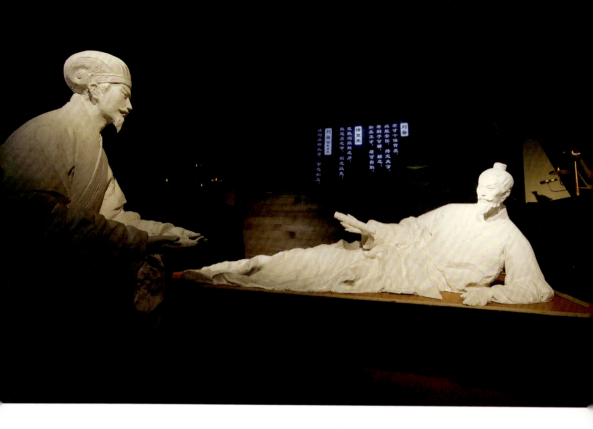

图2-31 "白帝托孤"场景式展项

　　章武三年（223）春，先主于永安病笃，召亮于成都，属以后事，谓亮曰："君才十倍曹丕，必能安国，终定大事。若嗣子可辅，辅之；如其不才，君可自取。"亮涕泣曰："臣敢竭股肱之力，效忠贞之节，继之以死！"

——《三国志·蜀书·诸葛亮传》

（3）归葬惠陵

　　章武三年（223）四月，蜀汉皇帝刘备带着帝业未竟、汉室未兴的遗憾在永安宫弃世长辞，终年63岁，谥号"昭烈皇帝"。五月，丞相诸葛亮随大军扶灵柩，自永安返回成都。当年八月，将刘备与妻甘氏合葬于成都南郊惠陵。陵旁立有昭烈皇帝神庙，供人四时祭祀。

图2-32　"归葬惠陵"窗面氛围诗句

帝崩永安，天地同悲。

帝后合葬，归于惠陵。

陵庙千秋，世人咏颂。（图 2-32）

　　"归葬惠陵"多媒体展项依据史料记载还原出刘备在永安宫弃世长辞后，由诸葛亮扶灵柩返回成都，最终葬于成都南郊惠陵的这段历史。

　　视频整体为国风水墨动画风格，画面中的远山近水、云雾等均以黑白水墨的方式呈现。影片构架由三部分组成，首先是离世，以永安行宫全宫缟素的大景交代先主刘备于白帝城病故；然后是归途，镜头跟随大军由水路返回成都，表现护送梓宫的着缟素人物（诸葛亮、刘理、刘永等）利用船只、车马等跋山涉水，返回成都；

在永安宫弃世长辞

图2-33   "归葬惠陵"多媒体展项

最后是入葬，画面展现刘备的棺椁入葬惠陵的情节（图2-33）。值得一提的是，在多媒体展项对面，还设置了直望惠陵的开窗透景，使观众于展览中情景交融，园展交互，提供了全新的观展体验（图2-34）。

4.重点文物

（1）东汉·灰陶说书俑

汉代说书俑在四川地区多有出土，形态通常为一人说书，以小鼓击节伴奏。此俑张口大笑，表情生动活泼，上身袒露，右手执鼓槌高扬，动作诙谐夸张，极具艺术感染力。类似形态的说唱俑，几乎都在巴蜀一带出现，可谓是带有地

图2-34　窗含惠陵

方特色的一类陶俑，神态妙趣横生，动作夸张生动，形神兼备，令人忍俊不禁（图2-35）。

（2）汉代·摇钱树

摇钱树是一种在两汉三国时期流行于西南地区的器物。底座为陶制，主干和枝叶用青铜浇铸而成，枝叶上装饰有凤鸟、仙人、瑞兽、铜钱等纹样，体现祈求财富、平安和升仙长生之寓意（图2-36）。

（3）东汉·铜五铢钱叠铸件

四川西昌市马道出土，采用浇铸工艺。柱体呈鱼脊骨状，含大量浇铸用砂。柱体上有叠铸钱币10余层，完整的每层有4枚五铢钱，左右各2枚，每层间距1厘米。

灰陶说书俑

POTTERY STORYTELLING FIGURINE

成都武侯祠博物馆藏

说书俑在四川地区多有出土，通
说书，以小鼓击节伴奏。此俑张
上身袒露，右手执鼓槌高扬，极
杂力。

图2-35　灰陶说书俑

图2-36　摇钱树

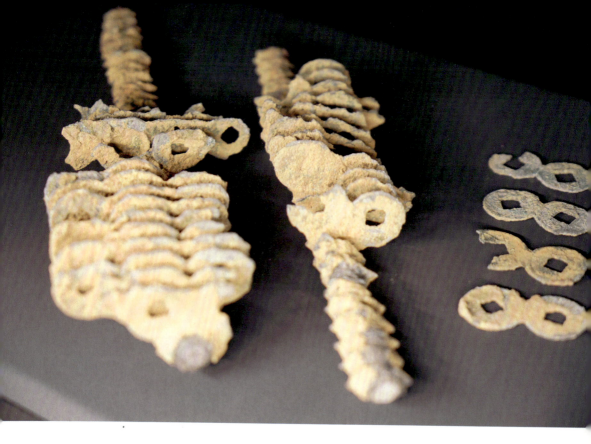

图2-37　铜五铢钱叠铸件

通高34.4厘米，宽10.4厘米。叠铸技术在战国已经出现，秦汉时期已应用于铸钱（图2-37）。

（4）蜀汉·"勿相忘寿万年"蜀汉宫城铺地砖、蜀汉·"宜宫堂宜弟兄"蜀汉宫城铺地砖

史料记载，刘备"即皇帝位于成都武担之南"。成都文物考古研究院考古人员结合文献记载和近年的考古发现，认为蜀汉宫城遗址，极可能就在2008年挖出石犀的天府广场东北侧、今四川大剧院附近一带。现场发现的大量铺地砖，在踏面上模印了纹饰，还有"富贵昌""爵禄尊""宜宫堂""寿万年"等吉祥用语。此二砖分别印有篆书铭文"勿相忘寿万年"（图2-38）和"宜宫堂宜弟兄"（图2-39），有力地证明了蜀汉政权的繁盛。

图2-38　"勿相忘寿万年"蜀汉宫城铺地砖（上）
图2-39　"宜宫堂宜弟兄"蜀汉宫城铺地砖（下）

（三）第三单元　兴复汉室　鞠躬尽瘁

在先主新丧、良将凋零而新主幼弱之际，诸葛亮总理朝政，竭股肱之力，效忠贞之节，将蜀汉举国重任担于一肩。他"约官职，修法制"，休养民力，以培国本，并遣使赴吴，恢复蜀吴联盟。随后亲征南中，安抚叛乱，后又进驻汉中，准备北伐。自建兴元年（223）诸葛亮开府治蜀，十余年间蜀汉政权上下有节，政通人和，田畴辟，仓廪实，器械利，蓄积饶。

白帝托孤，开济两朝。出师未捷，将星陨落（图2-40）。

1.开府治蜀

章武三年（223），太子刘禅承袭帝位，丞相诸葛亮受先主托孤辅政，当朝用事，并兼任益州牧，政事无巨细，咸决于诸葛亮。开府治蜀期间，诸葛亮内修政理，任纳贤才，发展农桑，重联东吴，为兴师北伐凝心聚力。

（1）兴修水利

诸葛亮视都江堰为"农本，国之所资"，设立堰官，征召壮丁，护堰修堰。从此都江堰完善的管理制度历代相传，滔滔堰水在一千余年后依然润泽着美丽的成都平原。

三国时期，都江堰所灌溉的川西平原物产丰饶，是蜀汉经济最为依赖的农业生产核心区域，受到蜀汉政权的高度重视。《三国志·蜀书·后主传》记载："（建兴）十四年（236）夏四月，后主（刘禅）至湔，登观坂，看汶水之流，旬日还成都。"此处，蜀汉后主刘禅亲自前往视察的"汶水"，就是都江堰所在的岷江；所谓的"观坂"，正是从高处俯视都江堰全貌的观察台。都江堰开堰之功在李冰，护堰之功在诸葛亮。郦道元的《水经注》载："诸葛亮北征，以此堰农本，国之所资，以征丁千二百人主护之，有堰官。"即诸葛亮首设堰官，配备一千二百名"征丁"。另外，为了与都江堰水利工程相配合，诸葛亮又对在成都的西北方向、从都江堰引水进入城区的河渠系统，进行彻底的加固和重修，使其保持较高灌溉水平（图2-41）。

（2）发展蜀锦

"决敌之资，唯仰锦耳。"诸葛亮治蜀期间，将织锦行业集中于一处，并设置"锦官"。为推动蜀锦销售，诸葛亮下令修复川陕边界古栈道，开通西南商路，并出口蜀锦，用于支持蜀汉军政（图2-42）。

"南方丝绸之路"是秦汉三国时期，成都连接缅甸、印度等国的一条国际交通线。其路径为：从成都开始，沿旄牛道、越巂道，到达邛都（今四川西昌）、大理、不韦（今云南保山），然后由南北两条路，最终到达印度平原地区。通过这条国际交通线路，成都和沿路各国、各地区进行着大量商业贸易往来。

（3）盐铁官营

诸葛亮治蜀期间实行盐铁官营。设置盐府（或曰司盐）校尉，下设盐府典曹都尉，掌管盐业。史书记载，蜀中素来富有井盐、铁矿资源。左思《蜀都赋》称"家有盐泉之井"，《华阳国志》载临邛的井盐"一斛水得五斗盐"，产量不低。诸葛亮亲自指导利用火井煮盐，并重视提高冶铁技术。在他的治理下，蜀汉盐铁官营"利入甚多，有裨国用"（图2-43）。

（4）制定法令

诸葛亮、法正、伊籍、刘巴、李严等人在刘备入蜀后"共造蜀科"以推行"以法治蜀"，实行由"人治"过渡到"法治"，使益州官风民气大为改观，实现了臣服民悦、政通人和的开明政治（图2-44）。

（5）重修盟好

夷陵之战后，虽吴蜀两国通使谈和，但仍存芥蒂。诸葛亮为集中力量平定南中，挥师北伐，决心消除吴蜀之隙，先后遣邓芝、费祎、陈震等人出使东吴，重修两国盟好。

图2-40　第三单元实景

图2-41　都江堰

图2-42　锦官城位置示意图

盐铁官营

Salt-Iron
Monopolization

诸葛亮治蜀期间实行盐铁官营。他亲自指导利用火井煮盐，并重视提高冶铁技术。在他治下，蜀汉盐铁官营"利入甚多，有裨国用"。

— 东汉 盐井画像砖拓本 —
四川博物馆藏

图2-43 "盐铁官营"版面

Formulating
The
Law of Shu

诸葛亮、法正、伊籍、刘巴、李严等人在刘备入蜀后"共造蜀科"以推行"以法治蜀"，实行由"人治"过渡到"法治"，使益州官风民气大为改观，实现了臣服民悦、政通人和的开明政治。

—商鞅—

约公元前390年—前338年

战国时期政治家、改革家，法家代表人物。其"明法"、"重刑"思想对诸葛亮影响甚深。

—韩非—

约公元前280年—前233年

战国末期法家思想集大成者，建立了『以法为本』的学术体系，著有《韩非子》。诸葛亮曾亲自抄录全书供后主刘禅阅读。

图2-44 "制定法令"版面

2.安抚南中

南中指汉代益州、永昌、越巂、牂牁、朱提五郡，包括今天的四川大渡河以南地区及云南、贵州等地。章武三年（223），刘备薨逝后，南中大姓、夷帅乘机反叛，图谋割据南中。诸葛亮亲率大军，五月渡泸，采用参军马谡"攻心为上，攻城为下，心战为上，兵战为下"的方针，分三路深入南中。同年秋，平定南中之乱，使叛军首领孟获等人心服归蜀。

蜀汉时期，蜀地与南中地区经济文化交流密切，对南中地区影响深远，其中之一是教民务农。蜀汉政府注重在南中发展农业，土著民族中至今还流传着诸葛亮教其务农、种谷、种茶的传说故事。

图2-45 诸葛亮南征路线

图2-46　蜀汉彝文古碑 "济火碑"

（1）攻心为上

"七擒孟获"之说源于东晋历史文献《华阳国志》和《汉晋春秋》。后经多部典籍记载，流传甚广。又经《三国演义》对"七擒孟获"的大肆渲染，这一事件成了家喻户晓的经典故事。这一故事的流传是诸葛亮"攻心为上"用兵纲领的生动注解，也反映了三国时期的民族融合（图2-45）。

（2）遗爱南中

南征战争结束后，诸葛亮审时度势，分原来五郡为七郡，并实行"和抚"政策，使南中地区在蜀汉政权被灭之前基本没有再出现大规模叛乱活动，因此西南地区留下了大量关于诸葛亮南征的遗址遗迹及民间传说，民众为诸葛亮立祠祭祀，这些祠庙承载着南中人民对诸葛亮南征的历史记忆（图2-46、图2-47）。

图2-47　小相岭、诸葛山、蜀汉军屯遗址、孔明寨（从左至右）

3.北伐曹魏

　　建兴四年（226），得闻魏帝曹丕病亡，诸葛亮为承先帝遗命，上《出师表》（图2-48），鼓励后主北伐曹魏，完成汉室中兴大业。公元228年至234年，诸葛亮共发动五次北伐，均未取得重大胜利，而曹魏几次反击也未成功，战事胶着，直至诸葛亮因积劳成疾，病逝于五丈原。

图2-48　"出师表"版面

图2-49 "北伐曹魏"展项实景

（1）挥师北伐

"北伐曹魏"多媒体展项，以当代艺术的叙事手法，将五块同时开启的屏幕分为三个主画面。画面一使用一块屏，将五次北伐的主要信息以图表的方式呈现给观众，配合画面二与画面三逐次地全方位展现北伐进程；画面二由三块屏组成，以三维立体卫星地图的形式生动地展现北伐进军所经过的历史遗存点位；画面三由一块屏单独动态地呈现五次北伐路线图。背景音为诸葛亮所作《出师表》的诵读，烘托出深沉恳切的真挚情感（图2-49）。

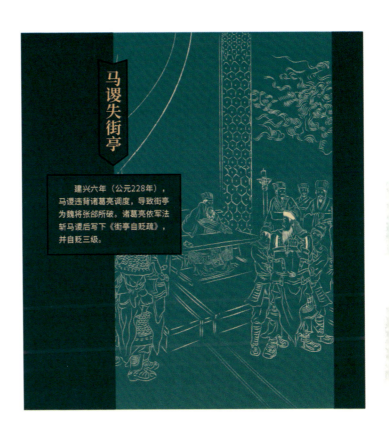

图2-50　"马谡失街亭"版面

（2）马谡失街亭

　　马谡骄傲自大，擅自违背诸葛亮调度，导致街亭为魏将张郃所破，蜀军失了街亭，只能退军回到汉中。刘备临死前曾提醒过诸葛亮马谡言过其实，不可重用，但诸葛亮仍以其为参军，可见他对马谡的器重。诸葛亮虽素来赏识马谡，但军法不能废，因此他挥泪将其下狱处死。后诸葛亮写下《街亭自贬疏》，检讨自己"不能训章明法"和"授任无方"的错误，并要求贬职三等。诸葛亮以身作则、严明法纪之精神，于此可见一斑（图2-50）。

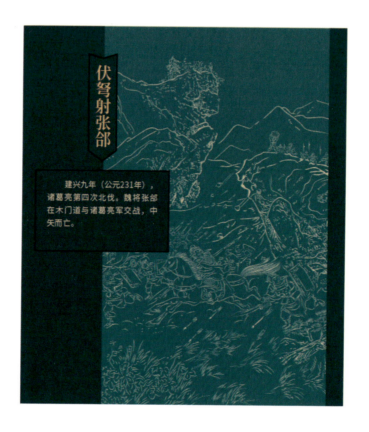

伏弩射张郃

建兴九年（公元231年），诸葛亮第四次北伐。魏将张郃在木门道与诸葛亮军交战，中矢而亡。

图2-51 "伏弩射张郃"版面

（3）伏弩射张郃

建兴九年（231），诸葛亮再次出兵祁山（今甘肃礼县），并使用木牛来运输粮草，粮尽后便果断退军。魏将张郃追到木门道上，与诸葛亮军队交战，张郃被蜀军的弓箭射中右膝，受伤而亡。《三国演义》中，作者发挥想象，详细描述了诸葛亮设下埋伏、张郃中计被射杀的过程，将诸葛亮的足智多谋展现得淋漓尽致。后人有诗曰："伏弩齐飞万点星，木门道上射雄兵。至今剑阁行人过，犹说军师旧日名。"（图2-51）

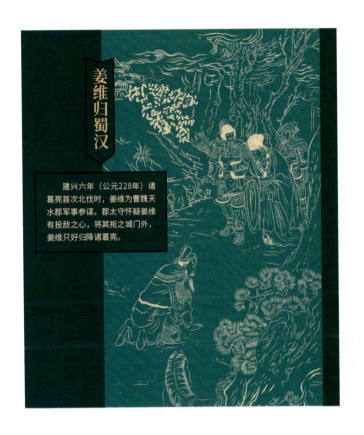

图2-52　"姜维归蜀汉"版面

（4）姜维归蜀汉

《三国志》记载，建兴六年（228）诸葛亮出兵祁山，时姜维为曹魏天水郡的军事参谋，正随郡太守在外视察。太守听说蜀军杀到，而各县纷纷响应蜀军，慌乱中怀疑姜维等也有投敌之心，遂连夜离开，跑到上邽县城（今甘肃天水市）。姜维等追赶到城下，城门已闭，太守拒不接纳。姜维回到天水郡的治所冀县（今甘肃天水市甘谷县），也被拒之门外。姜维等无处安身，于是归降诸葛亮。姜维归降后，深受诸葛亮赏识和重用，诸葛亮称赞他忠勤时事，思虑精密，既有胆义，又深解兵意（图2-52）。

4.诸葛奇思

诸葛亮长于治军，常有良筹妙划。他还致力于革新军械和阵法，物究其极，多奇思巧技。制损益连弩，演八阵图，作木牛流马。沧桑变幻，斗转星移，奇器妙械虽不复存，但今天仍可透过历史文献和遗存物证的零光片羽，管窥波澜壮阔的历史真相。

（1）木牛流马

木牛流马是诸葛亮北伐时为解决征途崎岖，军队不便运输粮食的问题而发明创造的两种运输工具，其不但能节省人力和畜力，还有适合栈道山路的特殊性能。史载，建兴九年（231）春，诸葛亮再攻祁山，用木牛运输军粮。建兴十二年（234），诸葛亮用流马从褒斜道运粮出而攻关中。不过，关于两者究竟是什么样的运输工具，只有文字而没有图谱和实物流传下来，甚至就连文字也因年代久远和辗转传抄而失去原真面貌，所以至今众说纷纭。因此围绕木牛流马，后人产生了无穷的想象和创造。

展厅中的木牛流马视频，意在展示木牛与流马经历代流变的巧思和想象，以线描图的方式呈现木牛流马的三种不同的学界猜想形态，在画面的正中央缓慢地进行360度旋转，向观众清楚地展示出木牛流马可能的外部构造与工作原理（图2-53）。

（2）八阵图

八阵图相传为诸葛亮推演兵法、操练士卒所用，被公认为古代战争经典阵法。冷兵器时代作战讲究阵形，古人发明了许多行之有效的阵形，八阵是其中之一。据古籍记载："八阵者，象八卦以定位，因井地而制形，兵之纪律也。武侯推演，尽得其妙。"诸葛亮对古代的八阵进行改进，演变成八阵图。存有相关遗迹三处：成都青白江八阵图、汉中旱八阵和奉节水八阵。三地均有垒石和土堆，象征作战时隐蔽部队的物体。

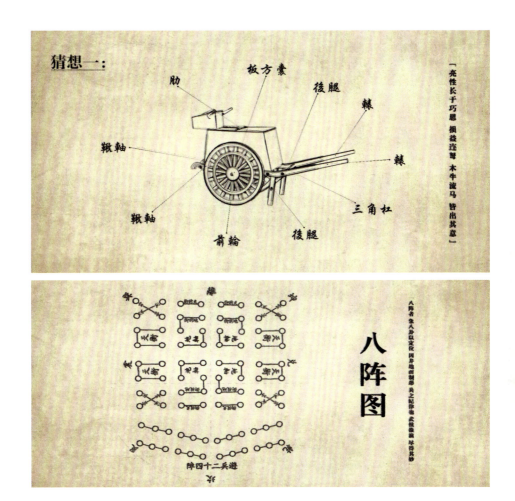

图2-53　木牛流马猜想（上）
图2-54　八阵图（下）

　　展厅中的八阵图视频，意在表现诸葛亮的发明——八阵图，以国风水墨动画的形式，将《昭烈忠武陵庙志》中所收录的八阵图以墨滴和墨痕相连的方式，按照"休、生、伤、杜、景、死、惊、开"的八门顺序将八阵图呈现在画面中，进而演绎完整的阵法（图2-54）。

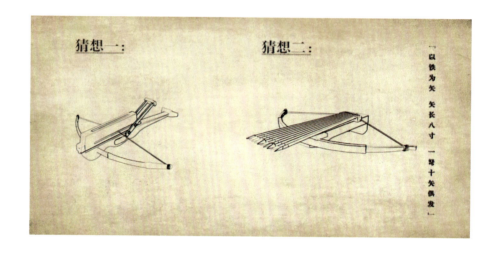

图2-55　诸葛连弩两种猜想

（3）诸葛连弩

　　诸葛连弩是诸葛亮在前人基础上改造而成的连弩。《三国志》载，"亮性长于巧思，损益连弩，木牛流马，皆出其意"。从其《作斧教》《作匕首教》等文可观，诸葛亮很注重兵器的制作与改造，其所改良的"损益弩机"，又名"元戎"，"以铁为矢，矢长八寸，一弩十矢俱发"。因其年代久远，又无实物流传，故蒙上了神秘的面纱。

　　展厅中的诸葛连弩视频，意在表现诸葛连弩中蕴含的巧思妙想。画面中首先出现一件青铜弩机，以动画的形式展示诸葛连弩线描图，对其进行结构细节与工作原理的阐释，主要呈现了两种关于诸葛连弩的主流学术猜想：一种为连发十矢，即启动弩机后依次发出十支箭；另一种为全发十矢，即一次同时发射出十支箭（图2-55）。

5.星落五丈原

该展项以全景多媒体的形式还原诸葛亮在五丈原去世之前的一段情景。以星空元素为主要基调，配合两面墙的不锈钢镜面与大理石抛光地面以及屋顶星空氛围灯，构造 teamLab 式的沉浸式空间，让观者感受到沉静悲凉的氛围和情感。

展项中，远方重峦叠嶂，空中风声喊喊，星光黯淡，诸葛亮在座椅上遥望北方，不知是否正为无法实现兴复汉室、还于旧都的愿望而遗憾，留下一个让人感叹良久的背影。一片羽毛从空中缓缓飘落，最后画面凝结成字幕"孤之有孔明，犹鱼之有水也"，为展览留下一个极为动人的结尾，也让观众能有一个全情投入，去感受、去思考、去纪念的空间。

6.重点文物

（1）汉代·"成都"铁锸

背面铸平，正面隆起，铸有篆文"成都""千万"字样（图 2-56）。铁锸是战国至秦汉时期常用的一种农具，用来翻土和兴修水利。蜀地铁矿资源丰富，战国时期，秦并巴蜀，置铁官并长丞，中原先进冶铁技术被带入巴蜀，建立了官营的铁器生产场所。蜀郡铸造的铁器除了满足本地需求外，也沿南方丝绸之路销往西南地区，其铸造技术也随之传播，铁锸就是成都平原销往西南铁器的典型代表之一。

（2）蜀汉·"延熙"字砖

泥质红陶模制，呈长方形。砖一侧边模印阳文隶书一行七字，文曰"延熙十六年七□"，其后文字因残破不齐，无法分辨，"年"与"七"之间有一纹饰，纹饰图案呈圆形，圆的边缘四等分处各有一条向外延伸的线条（图 2-57）。延熙（238—257）是三国时期蜀汉后主刘禅的第二个年号，共使用 20 年，也是蜀汉政权的第三个年号。

图2-56 "成都"铁锸（上）
图2-57 "延熙"字砖（下）

图2-58　"建兴五年"砖

（3）蜀汉·"建兴五年"砖

　　泥质灰陶，呈长方形，上有阳刻隶书"建兴五年岁"（图2-58）。"建兴"为蜀汉后主刘禅使用的年号。建兴元年（223），刘禅登基。建兴三年（225）春，诸葛亮开始南征，秋时平定。南征后，诸葛亮任张嶷为越巂郡太守，后者任职的15年间徙还故郡，缮治城郭，维护西南地区的稳定发展。建兴五年（227），诸葛亮向刘禅上书《出师表》，决定北上伐魏，克复中原。

图2-59　六面印

（4）三国·六面印

　　印呈"凸"字形，上为印鼻，有孔可穿带，因有鼻印及其他五个印面而称"六面印"（图2-59）。鼻印为"乐肇"，底面为"乐肇"，侧面为"臣肇""肇言疏""乐肇□□""乐肇言事"。乐肇，三国时魏扬州刺史乐綝之子、右将军乐进之孙，袭父爵。

图2-60　惠陵砖

（5）蜀汉·惠陵砖

　　蜀汉惠陵砖是 2001 年 3 月 12 日于惠陵封土堆上发现的，此砖为长方形花纹砖，一侧模印有菱形、圆形纹饰（图2-60）。猇亭之战失败后不久，刘备病逝在永安县（今重庆奉节）的行宫，其遗体由前来接受托孤的诸葛亮护送回成都安葬。从永安上船沿长江向西，经过江州（今重庆）、江阳（今四川泸州）、僰道（今四川宜宾），再转岷江北上，直到成都，最终入葬惠陵。

（6）蜀汉·铭文青铜弩机

弩机为青铜铸造，部件保存比较完整。机身有铭文"延熙十六年四月廿日中作部典□□遂绪吏李飞□杨汲□工杨茗作立坂重二斤五两"三十五字(图2-61)。弩机器形精美,机关巧妙,体现了三国时期的武器制造技术,具有重要的历史价值。弩机使用灵活、善远程射杀，因此在三国战场上占据了重要的地位。蜀汉的青铜弩机铭文有一定的格式，体例一般是"年号＋中作部＋主管官员名字＋吏名＋工名＋弩机强度＋重量"，三级负责，责任明确。曹魏弩机铭文格式与蜀汉类似，其刻铭体例为"年号＋左尚方造＋监作吏名＋匠、师名＋编号"。而孙吴弩机刻铭的体例较为特殊，除年号、匠名外，不见监造名，亦不见生产机构，主要刻具体的使用者姓名和职务。虽然魏、蜀、吴三国制度各异，但弩机制造在这一时期的重要价值，不言而喻。

图2-61　铭文青铜弩机

二、空间解析

（一）空间概览

　　"刘备与诸葛亮君臣合展"展厅整体呈不规则六边回字形，展览面积 1582 平方米，包括建筑面积 1100 平方米，中庭园林 327 平方米，展厅配套用地 155 平方米。展厅保留了原有建筑的格局，同时向中庭内延伸出部分钢结构建筑区域，既保证了空间的整体性，又有效地扩宽了展陈面积。展览的空间设计切入点是对古建的思考，这是一个被重新阐释的古建筑，我们希望呈现出一个"让历史建筑遗址重生的展览"（图 2-62、图 2-63）。

　　展览空间主要分为三个部分，即室内展厅、景观园林、配套社教区域，实现了博物馆建筑美学、园林景观与展陈空间设计的多样性，三者深层次互融，开创经典建筑设计与展陈设计深度融合的全新模式。

　　得益于古建筑独有的天井构造，展览以"园展结合"的独特设计思想，让园林景观成为展览配套的重要组成部分，有效地去除了传统展览空间中有形的"界"，让展览与园林相辅相成。同时根据"孤之有孔明，犹鱼之有水也"的意境，借由中国传统绘画散点透视的创作手法，结合"水、木、树、石"等元素进行了园林景观的打造，形成了多个视线焦点与展览相关点位的叠合，使得人们在观展中获得移步换景的多元空间体验与观展视角。园林中面积占比最大的圆形水池，配合山石点缀，营造出以小见大、叠山理水的视觉效果。从山到水，从景到物，契合"鱼水契"主题的同时也展示出"看山有色，听水无声"的园林情致。展厅内多处落地窗的应用起到了中国园林景观中"推窗见景"的

明良千古展厅

惠陵

图2-62　展厅与惠陵在武侯祠的空间位置（上）

图2-63　展厅轴测图（下）

图2-64　展厅园林效果图

美学效果，让中庭园林景观的清新翠意和沉淀千年的鱼水之情融于展览之中（图2-64）。

　　作为配套用地，我们在展览的出入口外规划了一块专用于开展社教活动的区域，开展"领阅·武侯祠""展览互动体验活动""沉浸式剧本杀"等面向小学、初高中和大学观众的分众化宣教活动，将展览的学术内涵通过丰富的活动传递给观众。

（二）平面布局

　　展厅由序厅、主线展厅、尾厅与中庭园林四大部分组成（图2-65）。

　　展览序厅是一个规则的方形延伸空间，我们在此区域设置了整面玻璃幕墙，配合《出师表》书法金属字，使观众进入展厅便会感受到光影映射于空间中"揽

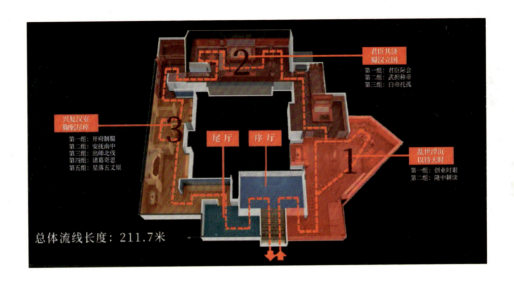

图2-65　展厅平面图

千秋于一室"的氛围感，主雕像位于序厅正中，既起着空间装饰作用，又能让观众以"君臣鱼水"为线索，开始一段观展之旅。

　　第一单元"乱世浮沉　以待天时"，此区域展厅受不规则形态的约束，我们巧妙地利用文学里"嵌套叙事"的递进视角，按照两条线索，分别讲述了刘备从"王气初显"到"煮酒论英雄"的奋斗历程，以及诸葛亮隆中耕读以待天时的出世入世情怀。此区域我们共设置"煮酒论英雄"与"隆中耕读"两个场景，通过两个场景串联起此区域不规则的两部分空间，让君臣二人前期的叙事连贯而统一，为之后相遇于"三顾"埋下伏笔。通过立体沙盘、场景再现、陶竹掩映几个部分相互配合，将东汉末年战火纷飞与隆中的宁静闲适交织于空间之中，令人能领会展览的叙事，复归于三国的厚重历史氛围，意境沁然。

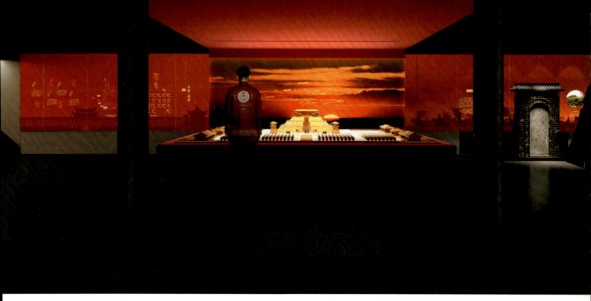

图2-66 "武担称帝"效果示意

第二单元"君臣共济 蜀汉立国",进入这一区域的方形空间中,我们设置了著名的君臣二人"隆中对"场景,以场景为空间视觉焦点,通过水墨多媒体的引导,让新旧空间的交替变得自然。这一部分由于位于古建筑的核心区域,我们也在展览叙事上将"武担称帝"的蜀汉建立高潮部分设置在此区域的主殿部分,整体殷红的热烈色调构成的秩序感,配合气象宏大的横向展开的复原场景,与主殿较高的纵向空间结构形成的打破秩序的节奏感,让观众从视觉上被瞬间唤起对三国的激情和对英雄的共鸣,此空间在非秩序与秩序、理性与感性之间达到完美的平衡。"武担称帝"场景以对称的格局营造出强烈的仪式感,加上场景正对面大型悬浮"三足鼎立地图"所形成的空间围合感,让置身展览的人瞬间产生对空间的敬畏之心(图2-66)。

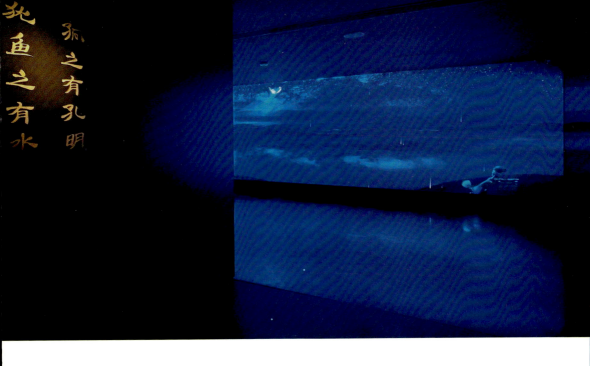

图2-67 "星落五丈原"实景

　　第三单元"兴复汉室　鞠躬尽瘁"。此空间不同于前两个单元以殷红为主要色调，而是采用了更契合诸葛亮宁静致远气质的苍翠色。同时仍然受制于古建筑的结构，空间显得既窄且长。为此我们以单元板配合网状墙的设计进行分割，同时配以层景展示，让空间形成若隐若现的分割效果。我们在此空间也进行了多处开窗借景，不仅与中庭园林产生了交互，也增加了整个空间的亮度，光影浮现间形成具有写意美的无界感。

　　尾厅利用黑幕玻璃与多媒体装置形成连接，模糊了空间的实体边界，营造了"星落"的留白意境，让观众沉浸其中。地面整体的黑幕玻璃的运用和头顶与墙面"星落"线性灯的设计，构成空间中"线"与"面"的对照效果，巧妙地增加了空间的灵动性（图2-67）。

图2-68　中庭园林效果示意

　　园林空间位于整个展厅的中部，如同被环抱于空间之中。古语说："夫美不自美，因人而彰。兰亭也，不遭右军，则清湍修竹，芜没于空山矣。"因此我们在展厅中设置了多处开窗设计，让游客观展的同时能透窗见景，欣赏到西蜀园林景观的魅力，也巧妙地借助光影与园林中疏影横斜之景，将展览中君臣鱼水、恬静悠远的意境展现出来（图2-68）。

三、展览线索

　　整个展览以情和史为主要线索，两条线索编织交错，通过一个个装置艺术展项串联起君臣鱼水之情与匡扶天下之业的整体叙事。

（一）情：君臣鱼水之契

1.君明臣良千古传：刘备、诸葛亮主题艺术雕塑与《出师表》玻璃幕墙装置艺术

　　刘备与诸葛亮的主题艺术雕像位于序厅，由雕塑家洛鹏为展览特别创作，由于展览的基调为"用当代手法讲述历史故事"，传递中华传统精神内核，因此两尊主题雕塑的风格更加当代化，是将人物精神内核经过艺术化处理的外化形象。在确定雕塑高度的时候，我们特意将史料记载的刘备与诸葛亮的身高（刘备为七尺五寸，诸葛亮为八尺）作为依据，等比例进行艺术化加工创作，让观众在艺术中体悟到真实，也让刘备与诸葛亮不再是遥远时空中摸不着、看不到的远古先贤，而是真实存在过的与我们一样的人。两尊雕塑分置于展览标题板前，一左一右，视线交汇，既体现了二人君臣之间的鱼水之情，也传递了二人兴复汉室的共同理想。主题雕塑展项后面是整面的玻璃幕墙，前方悬置了整篇《出师表》的立体字艺术装置，透过玻璃幕墙，可以看到中庭具有现代禅意的园林景观，也可以将室外光线引入序厅，阳光透过飘逸的立体字在序厅墙面、地面投下生动而有层次的阴影，极富艺术张力与力量感（图 2-69 至图 2-75）。

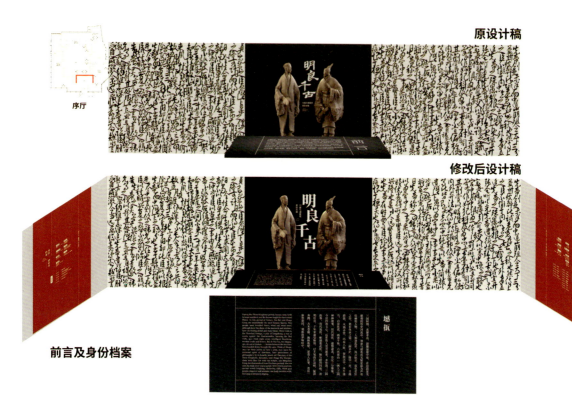

序厅

原设计稿

修改后设计稿

前言及身份档案

图2-69　序厅概念设计稿

场景环境

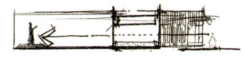

入口动线与视野特征：
室外到序厅为线性动线；视野通透，建筑门口的设置，
使序厅空间的局部内容，能被室外看到。

因此，在该动线节点上，可强化序厅的情节场景；以
悬置的故事情景，调动观众观展的情绪。

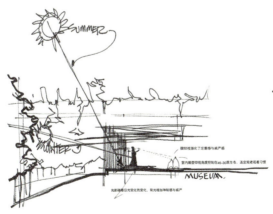

体量对比示意

图2-70　主题雕塑空间分析（上）
图2-71　主题雕塑体量分析（下）

概念方案草图一

概念方案草图二

概念方案草图三

图2-72 主题雕塑创作手稿一（上）
图2-73 主题雕塑创作手稿二（下）

图2-74 主题雕塑等大泥稿（右页上）
图2-75 序厅主题艺术雕塑与《出师表》玻璃幕墙艺术装置最终呈现效果（右页下）

良古
明千

This was an era flooding with heroes. This was an era
fighting against the current.
With ambitions under the sun, and wills in the huge
waves of history, the individuals sparkling with wisdom and
vitality broadcasted their ideals, fighting among rivals for
the throne. Liu Bei and Zhuge Liang are the most renowned
figures in the Three Kingdoms period. The turbulent days
have seen the gathering of the two political titans. Hierar-
chy did not get in the way of their bromance. They kept
faith for one another; they showed ultimate devotion to one
same dream; and their epic stories were handed down for
generations.
The moon shines, brightening their heartedly loyalty;
the wind blows, chanting their inseparable comradeship.

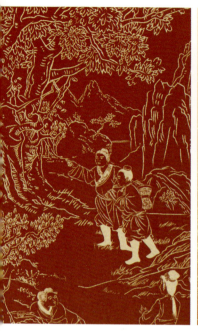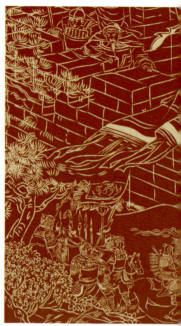

图2-76　"王气初显"手绘插图（左）
图2-77　"怒鞭督邮"手绘插图（中）
图2-78　"义救孔融"手绘插图（右）

2.楼桑树前立王志："王气初显"插图与古籍艺术展项

　　该展项由请插画师根据《英雄谱》二度创作的插画与内置壁龛中的清光绪十三年《三国志》印本共同组成，插图为刘备儿时在楼桑村手指桑树立下鸿鹄之志的故事。壁龛中的古籍翻开展示的内页上正是对这件事的记载，也反映了史料对展览的有力支撑。使用丝印工艺将插图拓印在殷红色铝板上，线条与色块的油墨堆砌增加了画面的层次感，极富艺术张力与线条的力量感，配合下方古籍的展示，与"怒鞭督邮""义救孔融"艺术展项使用一致的施工工艺和陈列手法，形成了一组视觉效果协调、完整的展项组，用视觉艺术向观众娓娓道来，描绘出一个鲜活的青年刘备形象（图2-76至图2-78）。

3.恩若兄弟结关张："恩若兄弟"层景艺术展项

层景画面也是特邀插画师根据《英雄谱》二度创作的，画面分为六层，每一层在不锈钢板材上雕刻而成，现场调试每层画面之间的距离及氛围灯带的光效，最终形成了光影效果与空间层次丰富的层景。该层景在设计之初便定为圆形，一方面便于调节每一层画面的角度，另一方面也反映了"时空之瞳"的意象，仿佛透过这个视角穿越时空，看到了刘备、关羽、张飞三人在桃园结义的情形（图2-79 至图2-81）。

4. 自比名相立臣志："待时高歌《梁父吟》"展项

对应着刘备少年立下帝王之志，在诸葛亮隆中耕读这一板块也将其立志成为像管仲、乐毅一样的名相的理想加以展示。版面上管仲、乐毅的头像参考了古画中的画像，经过艺术加工处理为统一的色调与风格，直观地展现了两位贤臣名相的气度，头像旁配以简要说明，并将《三国志》中"亮躬耕陇亩，好为《梁父吟》。身长八尺，每自比于管仲乐毅，时人莫之许也"的记载搭配在旁边，简明地表现了诸葛亮的志向是成为辅佐明君的良臣。由此可见君臣二人的契合不仅在于匡扶汉室的共同理想，更在于人生志向的互补（图2-82）。

5. 茂林修竹草庐景：陶竹林装置艺术展项

此展项特意设置了一个无背板的展柜，柜中放置了与汉代生活场景中一些常见的事物相关的文物，如灯台、陶狗、陶猪等。展柜后方的陶竹林由一百多株陶制竹子组成，我们设置了专门的灯光，将竹林光效与其阴影调节到最自然的状态。透过展柜，修竹林影衬托着这些平常事物，茅舍炊烟仿佛就在眼前，诸葛亮躬耕隆中的人间烟火气丰富了这位千古智者的形象，由此传递出的真实拉近了观者与展览对象之间的距离，简单的文物场景搭建，营造了距离感恰到好处的沉浸式氛围（图2-83、图2-84）。

恩若兄弟

Bromance

桃园三结义

《三国志》载刘关张三人
「恩若兄弟」，「义为君臣，
恩犹父子」。蜀汉大臣费祎尝
对关羽说：「王与君侯，譬犹
一体，同休等戚，祸福共
之」。这也是《桃园结义》的
创作依据。

图2-79 "恩若兄弟"版面

图2-80 "恩若兄弟"层景艺术装置制作分层解析（上）

图2-81 "恩若兄弟"层景艺术展项最终呈现效果（下）

待时高歌《梁父吟》

Singing Liangfuying While Waiting for Time

管仲
春秋时期政治家,法家代表人物。辅佐齐桓公完成霸业。

乐毅
战国后期杰出的军事家,魏将乐羊后裔,辅佐燕昭王振兴燕国。

亮躬耕陇亩,好为《梁父吟》,身长八尺,每自比于管仲乐毅,时人莫之许也。

《梁父吟》

步出齐城门,遥望荡阴里。
里中有三坟,累累正相似。
问是谁家冢?田疆古冶子。
力能排南山,又能绝地纪。
一朝被谗言,二桃杀三士。
谁能为此谋?国相齐晏子。

——《艺文类聚》卷十九

图2-82　"待时高歌《梁父吟》"版面

图2-83　最初仓储式陈列展柜与陶竹林效果示意（上）

图2-84　陶竹连接方式示意（下）

6.三顾茅庐君臣聚："隆中对"场景及"三顾茅庐"多媒体展项

　　"隆中对"场景在极简的当代空间中用古地图、竹帘、案几等复刻了三国时期的茅庐场景，根据主雕塑的形象，参考影视作品中二人在茅舍中的情景，我们设计了二人的姿态，刘备席地而坐看向诸葛亮，诸葛亮站在古地图旁，似乎正在讲述天下大势。"三顾茅庐"的多媒体使用立屏的形式设立在场景前方左侧，犹如一道门扇。多媒体内容是通过古画风格的画面展现刘备三次探访诸葛亮的情形，并在刘备最后一次拜访时将画面拉近至柴门，在刘备进入柴门后画面渐暗，两人对话的声音渐起，将观者由"三顾茅庐"的多媒体装置引至展厅内"隆中对"的场景，观看这明良千古的二人第一次相遇的情形，将"三顾茅庐"的多媒体内容与场景联动起来。另在场景右前方，根据古隆中的地势，制作了微缩景观，展现茂林修竹的茅舍与郁郁葱葱的古隆中。沙盘、多媒体视频与场景装置的联动，使观者仿佛通过一个摄像头由高处俯瞰远景中古隆中的茅庐，又从视频的中景中看到了刘备的"三顾"经历，再从视频的结尾进入近景中观看二人的交谈，层次丰富，逻辑关系明了，代入感极强（图2-85至图2-87）。

7.君臣际会共筹策：刘备诸葛亮语录展项

　　刘备与诸葛亮二人在历史上留下了不可磨灭的痕迹，今时今日仍为人津津乐道的主要还是刘备的仁义与诸葛亮的才智。此展项将最能体现他们特质的事迹通过插图与语录配合的方式加以展现。插图仍然是请插画师根据《英雄谱》二次创作，与之前的版面插图保持风格一致，殷红与百草霜色搭配，反映情感上的克制与涌动，展现了刘备撤兵却不忍扔下百姓自顾逃亡的仁义与诸葛亮劝服孙权一同抗击曹操的才智（图2-88）。

以影像、沙盘、雕塑、图版多维结合，诸葛亮向刘备分析天下局势、
提出隆中对策的场景。

场景：隆中对

"自董卓已来，豪杰并起，跨州连郡者不可胜数。曹操比于袁绍，则名微而众寡，然操遂能克绍，以弱为强者，
非惟天时，抑亦人谋也。今操已拥百万之众，挟天子而令诸侯，此诚不可与争锋。孙权据有江东，已历三世，
国险而民附，贤能为之用，此可以为援而不可图也。荆州北据汉、沔，利尽南海，东连吴会，西通巴、
蜀，此用武之国，而其主不能守，此殆天所以资将军，将军岂有意乎？益州险塞，沃野千里，天府之土，
高祖因之以成帝业。刘璋暗弱，张鲁在北，民殷国富而不知存恤，智能之士思得明君。将军既帝室之胄，
信义著于四海，总揽英雄，思贤如渴，若跨有荆、益，保其岩阻，西和诸戎，南抚夷越，外结好孙权，
内修政理；天下有变，则命一上将将荆州之军以向宛、洛，将军身率益州之众出于秦川，百姓孰敢不箪
食壶浆以迎将军者乎？诚如是，则霸业可成，汉室可兴矣。"

参考资料

影像：三顾茅庐

沙盘

图版：

图2-85 "隆中对"场景设计效果

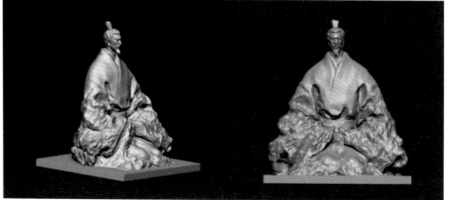

图2-86　"隆中对"场景中诸葛亮雕塑模型（上）

图2-87　"隆中对"场景中刘备雕塑模型（下）

德及黎庶 Caring for the Populace

荆州牧刘表去世后，其子刘琮降曹。曹操集中全力攻击刘备。面对强敌，刘备只能弃樊城，渡汉水，进往襄阳。一路之上，百姓纷纷投奔，随行人数达十余万，每日行程不过十余里。有人劝刘备先行，而他不忍撇下百姓，以至当阳大败。

夫济大事，必以人为本，今人归吾，吾何忍弃去！

—— 刘备

联吴抗曹 Uniting Wu against Cao Cao

公元208年，曹操率大军南下，诸葛亮只身赴东渡，适赴柴桑（今江西九江），劝服孙权联刘抗曹。诸葛亮正确分析三方形势，指出唯有联合才能抵抗强敌，孙权最终与群臣达成联刘抗曹的决心。

海内大乱，将军起兵据有江东，刘豫州亦收众汉南，与曹操并争天下……

—— 诸葛亮

图2-88 "德及黎庶"及"联吴抗曹"版面

8.夷陵兵败托汉室："白帝托孤"场景展项

夷陵之战后刘备病重，临终前将汉室托付于诸葛亮，场景展现的正是此情景。

场景中设置了屏风、灯台、床榻等，力图还原三国时期的室内场景风貌，二人的雕塑仍然沿用主雕塑的形象，但针对彼时二人的年龄经历与状态稍加调整，使整个展览中的二人形象统一，保障了观者在观展过程中的延续感，不会因为人物形象风格的不一致导致认知与情绪的断层。刘备清瘦虚弱，半躺在床榻上，将遗诏交托给诸葛亮，而诸葛亮跪在床榻前，表情凝重，双手托起准备接诏，兴复汉室的遗志在这一刻完成了交托。屏风上投影着史料中留下的关于白帝托孤事件的只言片语，一方面体现了刘备对诸葛亮的倚重与信任，另一方面也显示了诸葛亮对刘备的忠贞与信义（图 2-89 至图 2-91）。

9.开窗见陵忆明君："窗含惠陵"展项

展览至此，刘备逝世。策展团队设计在墙面上凿开一个圆窗，安装整面超白玻璃，透过玻璃圆窗刚好可以看见惠陵。玻璃正中用丝印工艺印上"帝崩永安，天地同悲。帝后合葬，归于惠陵。陵庙千秋，世人咏颂"。观者刚目睹"白帝托孤"场景，驻足于此，透过玻璃及悲伤的诗句，遥看刘备的陵墓静静屹立在外，营造出时空的交错感与悲凉的氛围感，也将展览与现实、内景与外景巧妙结合，窗内诸葛亮承先帝遗志，继续为兴复汉室鞠躬尽瘁，窗外刘备安眠陵中，给艰苦而辉煌的帝业生涯画上无声的句点（图 2-92）。

10.攻心为上定南中："遗爱南中"拼接图片墙装置

诸葛亮在刘备去世后承继兴复汉室的遗志，一边发展蜀地经济，一边设法安定后方的南中地区，以便征讨曹魏。五月渡泸，诸葛亮在南中地区留下了许

图2-89 "白帝托孤"展项效果图（上）
图2-90 "白帝托孤"场景中刘备塑像模型（中）
图2-91 "白帝托孤"场景中诸葛亮塑像模型（下）

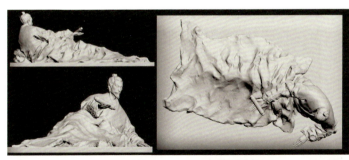

图2-92　惠陵

多后人传颂的故事与遗址、遗迹，由此可见南中地区人民对诸葛亮的喜爱与敬佩之情。此展项精选了凉山彝族自治州喜德县冕山镇的小相岭、云南曲靖马龙区旧县街道的诸葛山、凉山彝族自治州昭觉县的蜀汉军屯遗址，以及距贵州榕江县城30多公里的孔明山侧的孔明寨四个遗址的实景照片，使背景中的山势连成一体，区别中有统一，将整面墙的空间用于展示景象开阔的遗址照片，更显气势磅礴，在体量与感官上震撼观者。

11.良筹妙划蕴奇思："诸葛奇思"多媒体展项

　　"诸葛奇思"展项用三个同尺寸的屏幕阵列排布，展现诸葛亮治军过程中的良筹妙划，包括木牛流马、八阵图以及诸葛连弩。历经时间长河洗礼，这些奇妙的设计已失传，但后人依然在努力寻找其中的精妙。视频中展现的是几种猜想结构，虽不能完全复原这些创造，却也能让观者从极简的线条中体悟到诸葛亮这些发明的精妙之处，感叹贤相的智慧，窥见波澜壮阔的历史真相。

12.将星陨落共悲悼："星落五丈原"沉浸式展项

　　刘备与诸葛亮的故事随着诸葛亮病逝五丈原到了末尾篇章，策展团队在此单独规划了一个较为封闭的空间，通过整面墙的巨大拼接屏、屋顶上三三两两寂寥的星辰、两侧不锈钢镜面以及抛光的黑色大理石地面构筑了一个脱离现实的沉浸空间。多媒体中斗转星移，诸葛亮的背影逐渐从开阔的山顶消退出画面，星空中一片羽毛缓缓落下，正应和了杜甫《咏怀古迹·诸葛大名垂宇宙》那一句"三分割据纡筹策，万古云霄一羽毛"。背景音乐沉寂而悠远，顺着诸葛亮目光所及的方向，仿佛在遥远的星空中闪现了刘备与诸葛亮二人命运交织的一生，少年的立志、青年的创业、中年的立业、老年的遗憾，最后画面定格在"孤之有孔明，犹鱼之有水也"，凝聚了二人的君臣之义、鱼水之情（图2-93至图2-95）。

图2-93　"星落五丈原"沉浸式展项初稿（上）

图2-94　"星落五丈原"沉浸式展项中稿（中）

图2-95　"星落五丈原"沉浸式展项终稿（下）

（二）史：匡扶天下之业

1.群雄割据风云起："东汉末年形势图"多媒体及半景地图展项

"东汉末年形势图"多媒体以风格化的淡彩水墨动画向观者展现了东汉末年群雄并起、天下大乱的历史背景，从汉室衰微到宦官专权再到军阀割据，以清晰的时间线索讲述乱世源流，并为群雄配以最能体现他们品质与性格的一句话，如刘备的"夫济大事，必以人为本"，曹操的"宁我负人，毋人负我"，既让观者清晰地看到群雄割据的区域分布，也能间接感受到他们的性格特征。多媒体屏幕倾斜向下，在视觉上造成一定的压迫感，更贴合乱世给人的氛围感。屏幕下方为倾斜平台，放置了体量较大的地图沙盘半景，并在地图上各个州的州府处放置名牌，表明各路军阀盘踞之地。整个展项空间强调了倾斜、不稳定的状态，用具有压迫感的大屏、倾斜的半景地图，迅速将观者拉入乱世纷争的氛围中（图2-96至图2-98）。

2.半生辗转谋创业："刘备辗转地图"多媒体展项

青年时期的刘备辗转各地，艰苦创业，多媒体以古地图结合图标移动的形式展现了这一过程。图标每"走"过一个地方便会出现相应历史事件的发生时间，我们精选了三个重要事件创作了相应的淡彩插图，包括桃园结义、青梅煮酒及汉中称王，完整地展现了刘备戎马半生，辗转各地谋求创业的事迹，让观者在时空维度上直观地感受到刘备辗转之坎坷，创业之艰辛。

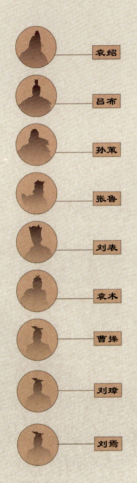

袁绍

吕布

孙策

张鲁

刘表

袁术

曹操

刘璋

刘焉

在镇压黄巾农民大起义的过程中，各地地主武装乘机扩大自己的势力，强占地盘，从而形成一股割据势力，"务相兼并以自强大"。

公孙度，占据辽东。
刘虞，公孙瓒，先后占据幽州。
袁绍，占据冀州，青州和并州。
曹操，占据兖州。
孙策，占据江东。
袁术，先占据南阳，后占据扬州一部分。
刘表，占据荆州。
刘璋，占据益州。
张鲁，占据汉中。
陶谦，刘备，吕布，先后占据徐州。
董卓，李傕等，先后占据司隶。
马腾，韩遂，占据凉州。
张绣，占据宛。
刘度，占据零陵。
孔融，占据北海。
王匡，张杨，先后占据河内。

图2-96 "东汉末年形势图"展项中的群雄图表

图2-97 "东汉末年形势图"多媒体原画一（左页）
图2-98 "东汉末年形势图"多媒体原画二（右页）

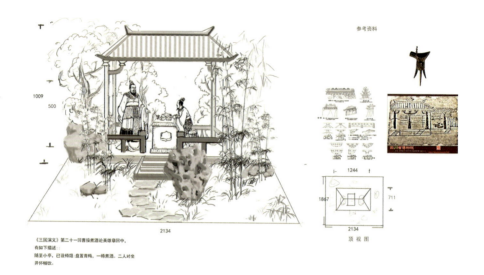

参考资料

《三国演义》第二十一回曹操煮酒论英雄章回中，
有如下描述：
随至小亭，已设樽俎：盘置青梅，一樽煮酒。二人对坐
开怀畅饮。

微缩场景：煮酒论英雄

既有室内微缩场景展现曹操、刘备两位大
英雄的对峙时的从容和镇定，同时借景苑
中庭院，虚实结合。

文物：【煮酒论英雄】

图2-99　"煮酒论英雄"手绘概念稿一（上）
图2-100　"煮酒论英雄"手绘概念稿二（下）

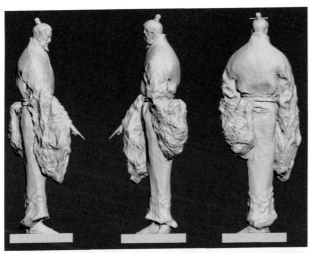

图2-101 "煮酒论英雄"场景曹操塑像模型（上）

图2-102 "煮酒论英雄"场景刘备塑像模型（下）

3.青梅煮酒论英雄："煮酒论英雄"场景展项

　　"煮酒论英雄"场景在高约 80 厘米的平台上，缩小比例设置了凉亭、案几、假山石等，曹操与刘备雕像一左一右，一站一坐，展现的正是二人小亭聚会，曹操认为刘备心怀壮志，遂起杀念，刘备看出曹操暗起杀心，便趁着打雷假装被吓掉筷匙的情景。场景背后为玻璃幕墙，使中庭园林的景色成为场景背景，密切展厅空间与外部的关联，场景与自然仿佛融为一体，将空间氛围拉向微妙的平衡，光线交错映射，形成恍惚的错觉。二人之间的紧张气氛也蔓延到周围的场域中，玻璃幕墙上投影着曹操试探性的话语"天下英雄唯使君与操耳"，将画面定格在戏剧张力最强的一刻（图 2-99 至图 2-102）。

动画：少年诸葛亮

图2-103 "少年诸葛亮"展项概念示意

4.迁居隆中待天时："少年诸葛亮"多媒体展项

此处设置了 LED 大屏，展现少年诸葛亮在父母逝世后投靠叔父，辗转来到南阳郡，定居古隆中。画面风格借鉴《千里江山图》的青绿山水，创建三维模型，渲染为二维古画质感画面，将诸葛亮的流离、蛰伏、躬耕、生活娓娓道来。屏幕背后为一排陶竹林，物境相合，光影间不断形成深浅的交错感，陶竹的翠绿、多媒体中的青绿带有东方色彩的克制与灵动，与历史情节形成呼应（图 2-103）。

5.躬耕陇亩观天下："隆中耕读"场景展项

场景中俊朗的青年诸葛亮在陇亩间松树下阅读书籍，背后的数层青绿山丘片景形成深浅远近层次丰富的空间。青年诸葛亮作为视觉焦点站在黄金分割点的位置，依然是沿用主雕塑的形象并将其进行年轻化处理，树影婆娑下存在感及氛围感强烈。灵活均衡的构图、简洁的处理手法，渲染出空间的安静与从容，力量与诗意达成平衡，诠释着诸葛亮隐居隆中，不断丰富自己的学识与修养，静待明君到来，以实现自己成为名臣良相的远大志向的场景（图2-104 至图2-106）。

微缩场景：隆中耕读

从诸葛亮手握书卷、心怀天下的室内微缩
场景，到逐层纵深推进，既有山丘自然的
片景、同时借景展厅布景的稻田与竹林，
虚实结合。

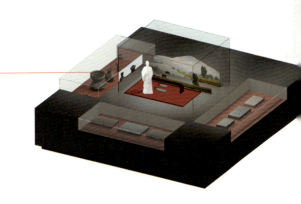

图2-104　"隆中耕读"场景概念示意

图2-105 "隆中耕读"场景终稿（上）
图2-106 "隆中耕读"场景中青年诸葛亮塑像模型（下）

6.火烧赤壁退曹军："赤壁之战"场景与多媒体融合展项

"赤壁之战"场景复原了火烧赤壁的战场情景，场景搭建于抬高的台面，将观者视线设定在与战船一致的高度。因为空间上的限制与战船体量上的要求，我们只复原了半艘古战船，水面用滴胶材质加颜料上色，完美呈现了夜晚寒江的青黑质感。多媒体投影在真实的战船模型上，展现战船相连的场景，动态展示了吴军艨艟从黑暗中冲向曹军战船，接着火势渐起，万箭齐发，直至战争达到高潮，火光通天的过程。为了将虚拟的多媒体跟场景中实体的战船模型融合到一个时空，战船模型设置了机械结构，当多媒体中火势越来越大时，战船的桅杆便会倒下。打破现实与虚拟的界限，联动之下，让观者沉浸在战火连天的场域中，感受战争的激烈与残酷（图 2-107 至图 2-111 ）。

图2-107　"赤壁之战"场景概念示意

图2-108　"赤壁之战"战船烧毁动态示意

图2-109　"赤壁之战"场景现场搭建概念示意

图2-110 "赤壁之战"多媒体与场景融合测试（上）
图2-111 "赤壁之战"多媒体战船模型（下）

场景：武担称帝

称帝是刘备人生的至高点，是他最辉煌的时刻，也是蜀汉朝廷的盛世。

武担山南麓，宽平的土地正中，四方土坛一座，有台阶八级。坛上中央设天地神位。天地外设赤青黄白黑帝位。帝位外围又设日、月、北斗七星和上千诸神位。坛场四周，精兵护卫，气象肃穆。群臣背南向北面立，刘备身着九旒汉中王冠服，手执绢帛诏文，高声用虔诚的语调宣读告天文，后将诏文投入火中，更换十二旒皇帝冠冕袍服。

刘备
四方土坛
群臣
精兵护卫

精兵护卫

图2-112　"武担称帝"场景概念示意

7.蜀汉帝业定成都："武担称帝"多媒体与场景展项

　　"武担称帝"是整个展览叙事中最重要也是气势最恢宏的事件，多媒体视频基于真人拍摄，后期加工为剪影及动画融合的表现形式，呈现了刘备称帝、祭天登基的情景。整个空间用简洁的顶部结构与场景的地台形成恢宏的空间感，超大拼接屏画面及充满秩序感的诵读配音共同烘托出雄浑的力量美与流动的气韵，组建出一个庄重与力量并存的空间。下方平台上意象化地展示了登基场景，如高耸的祭台、规整的幡旗、台下的文官武将阵列，有序而威严。与多媒体画面对立并相融，高与低，动与静，从不同角度对登基仪式做出诠释。在建造中反复地感知空间的物性与物理尺度，关注实地体验，拉近观者与展项的关联，形成丰富而有力的互动（图2-112至图2-114）。

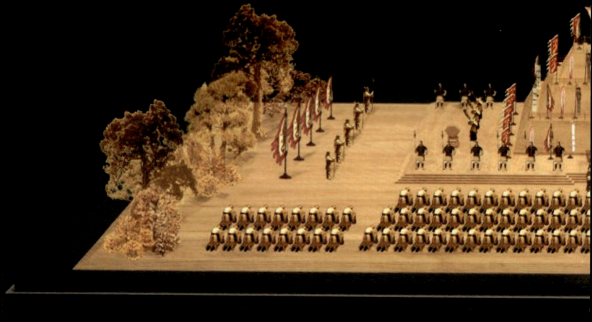

图2-113　"武担称帝"场景模型（上）

图2-114　"武担称帝"多媒体原画（下）

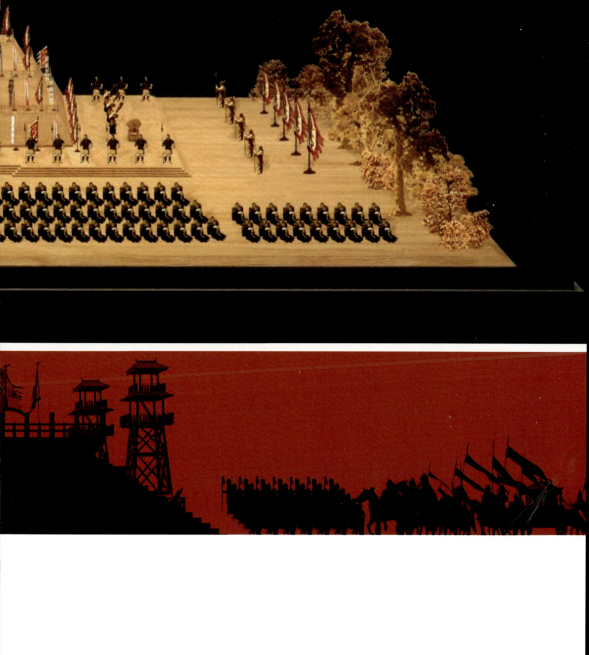

图2-115 "三国鼎立地图"悬浮墙后园林视角

8.三国鼎立成定势："三国鼎立地图"悬浮墙展项

"三国鼎立地图"设置在"武担称帝"场景对面的巨型悬浮墙上,红黑配色加上巨大的物理尺度给观者以震撼但又不会太过压迫,直观地展现魏蜀吴三国的势力范围。悬浮墙后为玻璃幕墙,悬挂半透明的精致竹帘,将变幻的自然光与园林景致纳入室内,追求光与色的交融、形与意的共存,在简约质朴中见丰富,于光影中见层次。展厅与中庭园林景观的界限再一次被模糊,形成充满理性秩序且层次丰富的魅力空间(图2-115)。

图2-116　柜内白帝城半景手绘初稿

9.夷陵兵败白帝城：白帝城半景与地面氛围多媒体展项

　　夷陵之战路线图对面的展柜中设置了白帝城的半景浮雕，展现的是远在长江对岸山上的白帝城远景。展柜中陈列了箭镞、铁剑、铜蒺藜等与战争相关的文物，也放置了镇墓兽等暗示夷陵之战结局的文物，把空间当作物件去设计，也把物件当作空间去演绎。在展柜前的通道上投影出抽象的水与火交融之景，水映射夷陵之战发生地的地域特征，而火则是暗含了火烧连营的意象，也是理性的战争信息描述与感性的战争场面还原的融合，空间以自由的姿态见证着自我秩序的打破与重建，使展柜内外及地面三个空间以巧妙的方式与历史进行联结，以动态的视角溯源那场惨烈的战争（图2-116、图2-117）。

东征

章武元年（公元 221 年），刘备挥师东征，为关羽复仇。大军在猇亭布列军马，气势如虹。两军相持近一年后，东吴主帅陆逊以逸待劳，待蜀军移师山林茂盛，近溪傍涧之地后，遂以火攻之，大败蜀军。刘备在部将保护下西逃至白帝城方脱离险境。后一病不起，将诸葛亮招至永安宫向其托孤。

永安宫

图2-117　"夷陵之战"通道多媒体投影效果示意

重修 | 盟好

Repairing the League

夷陵之战后，虽吴蜀两国通使谈和，但仍存芥蒂。诸葛亮为集中力量平定南中，挥师北伐，决心打破吴蜀之隙，先后遣邓芝、费祎、陈震等人出使东吴，重修两国盟好。

万里桥

三国时期，诸葛亮送费祎出使东吴到此，曰：『万里之行，始于此桥』，万里桥因此得名。

图2-118   "重修盟好"版面（左页）
图2-119   万里桥层景艺术装置制作分层解析（右页）

10.出使万里重联吴："重修盟好"层景展项

为挥师北伐，诸葛亮做足了方方面面的准备工作：一是开府治蜀，发展经济；二是五月渡泸，安定后方；三是出使吴国，重修盟好。层景画面创作借鉴了《英雄谱》的画面风格，参考成都万里桥的形制，还原诸葛亮设宴送费祎的情形，并将画面分为六层，每一层用不锈钢进行微晶雕刻，现场调试每层之间的距离与内藏灯带的光效，开放、延伸、重叠，光影层层叠加，明暗相承。圆形套筒仿佛一扇窗透过时间之远，又如同一只瞳穿过空间之渺（图2-118、图2-119）。

11.五次出师伐曹魏："北伐曹魏"五屏联动多媒体展项

　　"北伐曹魏"展项用五个屏幕联动展示，形成包围之感，最左侧的屏幕为每一次北伐的平面路线图；中间三个屏对应着平面路线图，将之还原到三维立体影像中；而最右侧的屏幕同时标注了五次北伐的相关信息，且配合其他屏幕内容点亮正在阐释的那次北伐的信息。五个屏幕阵列围绕，形成一定的包裹感，从二维演绎至三维，形成富有张力的纵深感，捕捉、切换、推进观者的动态观展体验。背景音乐为《出师表》的念白，朗诵声情并茂，节奏把握准确，委婉动人，仿佛能让观者透过这声音遥想诸葛亮北伐征战的舟车劳顿，战场上挥斥方遒，营帐中烛光下劳形苦心，体悟到其中所蕴含的强烈而复杂的情感力量（图2-120、图2-121）。

图2-120　"北伐曹魏"展项概念示意（上）
图2-121　"北伐曹魏"展项多媒体原画（下）

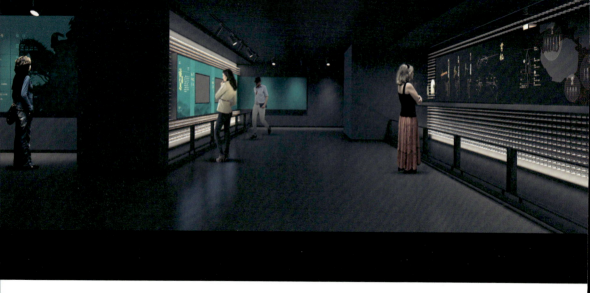

图2-122　箭镞阵列墙面效果

12.金戈铁甲列箭阵：箭镞阵列墙面装置艺术展项

　　作为北伐叙事的结尾，这里主要陈列了与战争相关的文物，如箭镞、战马模型、弩机等，为了展现在烽火连天的战场中两军对阵，剑拔弩张、弓满箭出那充满张力的一刻，满墙箭镞阵列垂直指向观者，灯光投向箭镞又形成了乱中有序的阴影，点燃了这个空间的紧张氛围。展览除了给人以美的体验、舒适的感受，也给人以不适甚至紧张难受的体验，倒逼观者去理性思考战争、死亡等严肃话题。这里的装置艺术展项以谦逊的姿态融入环境，在对话历史之中隐入结尾，为空间营造出一种原始的、动人的内在精神（图2-122）。

Wise Emperor and
Virtuous Prime Minister
for Eternity

策　展

从实践到思辨

一、叙事的转向——展览内容的创设

如何构建历史类展览的叙事？

"叙事学发端于 20 世纪早期的西方文学研究，至 90 年代延展至博物馆学领域，应用于分析和指导博物馆的叙事。"[1] 近年来，叙事学理论体系不断发展完善，跨学科的方法与视角也更多地被引入对于叙事现象的诠释，"叙事"已然成为博物馆陈列展览的一种发展趋向，这种叙事的转向也受到越来越多人的重视。

英国学者珍妮·基德认为，"不管是作为物理的还是建筑的抑或是机构的场所，博物馆都需要进行故事的讲述"[2]。故事讲述（story telling）作为博物馆学界关注的议题，被广泛使用到陈列展览的创设中。德·菲纳等学者将故事讲述界定为"一种与多元社会语境相互塑造的社会实践"（a social practice shaped by and shaping multiple social contexts）[3]，在历史展览中构建叙事，既需要在史料基础上组织线性结构，串联符合史实的因果关系链，又需要结合空间关系，通过高潮情节推动观众情绪，以此追求艺术通感中的"无尽意"。在展览内容的创设过程中，展品的组织，叙事框架的搭建，展示文本的撰写，都是在实践中经过反复思量和审慎考虑，以及多次探索和尝试后才得以成形的，各部分有机联结，最终构成完整的呈现。

（一）叙事构建

三国时期在中国古代史上虽延续时间短暂，但因其风云变幻的政局、激烈碰撞的文化、精彩纷呈的故事，一直受到历代史家与大众的关注，而三国文化不仅是历史上三国时期的物质文明与精神文明的总和，以《三国演义》等衍生内容为代表的次生性文化也持续不断地影响着中华传统文化的发展与更新。如何在浩如烟海的正史与故事之中选取信息，塑造展览基础史观，形成具有可读性的展览叙事，是策展初期面临的难题。如学者张婉真所言，"如何在博物馆展览的语境（context）中看待现实（reality）与虚构（fiction）、真实（truth）与想象（imagination），乃至自然（nature）与成规（conventions）"[4]，从而构建展览框架与内容，带领观众去往展陈叙事言语所指向的世界，是一个需要在实践中探讨的问题。

通过史料的梳理、事件的收集与对观众的分析，展览初步确定围绕"为何共济天下君臣相得？为何君明臣良千古传颂？"这两个主导性问题展开叙事，讲述刘备与诸葛亮的人生轨迹以及二人的相知、相识、共济与别离，试图通过叙事来谱写一部明君良臣的壮阔史诗，讲述一段匡扶天下的奋斗历程，带来一次精神文化的浸润之旅，从而实现情与智的融合，达到传递信息、塑造记忆、构建意义、促进认同等目的，并希望通过对历史发展中的闪光点进行提炼性呈现，来传播智廉仁信的道德标准，推广"上报国家，下安黎庶"的崇高政治理想，弘扬尚德、尚贤的中华民族传统美德，达到知识性、故事性、学术性、传播性和体验性的统一。

1.真实·虚构

波澜壮阔的三国时代，铭刻下无数英雄人物和典故逸事，凝练着中华文明仁义礼智信的人文情结和价值取向，并随着通俗文学和民间文艺的发展，逐渐形成以三国历史文化为核心，各类文化传播现象为流变的三国文化，开启了三国元素普及和历史认知深化互为动力、循环往复的扩散过程。然而在这个过程中，为人们所熟知的，既有正史的记载，也有文学与艺术化的演绎，广泛流传的通俗文学、评书讲谈、梨园戏曲和民间传说，更使得三国文化代代相传，浸润在生活的方方面面。刘备与诸葛亮，作为三国历史中极具代表性的两位历史名人，以及《三国演义》小说中的重要角色，其形象也随着时间而不断丰富和变化，逐渐演变为由历史形象、文学形象、戏曲形象、影视形象等虚实叠加而成的多重人物形象。

如果只呈现正史，那么从展览的展示维度而言会有失于多面性和立体度，而且从观众的角度来说，许多人接受并认可的三国英雄便是文学加工后的人物形象，观众在参观时也会抱有在展览中看到熟知的演义故事的期待，而仅讲述正史则无法满足这种期待。如果加入虚构，则需要小心严谨地处理虚实之间的关系，需要引导观众对虚实进行区分，避免混淆真伪、误导观众。如何把握真实与虚构间的尺度，是策展团队在进行内容创设时面临的挑战之一。

（1）A 面：真实

对博物馆而言，历史原真性是必须遵循的原则，展览的历史原真性是博物馆区别于一些其他文化场所的重要特征，也是其为观众提供独特体验的基石。本次展览的叙事构建，以真实性为基础，参考公众对三国时期的特定共性记忆，按照既定的历史脉络，将价值中立的历史物证置于生动的故事语境中，以历史人物的成长发展历程为主线，同时以古今研究成果为根据，考古物证为辅助，遵循求真的原则，适当运用多媒体技术、辅助展品及形式设计还原有血有肉的历史人物。

展览叙事的真实性主要由两点构成：一是展品的真实；二是文本内容的真实。展品的真实从其实体性和原真性中体现，本次展览所选择的展品，均为公立博物馆收藏的藏品，出处清晰且时代界定明确，能够从不同侧面展现三国时期的物质世界和精神文明的特征，反映出当时政治、经济与社会的方方面面。对于展出的少量复制品和模型，则在说明牌上进行了清晰的标注，绝不模糊概

图3-1　专家论证会

念误导观众，切实保证物的真实性。关于具体展品的选择，在"展品组织"一节将作详细阐释。

　　文本的真实，则需要以历史的真实为基础和依托，在整个内容创设的过程中，策展团队都以正史记载和考古发掘资料为参考文献和重要的信息来源，并邀请知名三国史学专家、考古学家作为展览的学术顾问来给予指导（图3-1）。为尽量避免受史书作者因无法完全摆脱其历史局限和个人好恶而带来偏失的影响，我们参考了包括《三国志》《后汉书》《资治通鉴》《汉晋春秋》《华阳国志》《晋书》《魏略》等在内的多部史书，并在研读时有意识地将不同史书中对同一事件的记载进行比较，并与最新的史学研究成果和考古发掘成果相结合，逐一分析和甄别，选取各典籍中相一致的记载，采用已被史学界广泛认同的观点，规避掉一些争议较大或者模棱两可的内容。为保证文物说明的真实性，除借展方提供的藏品信息外，还以文物出土墓葬的考古发掘报告、博物馆的藏品图录以及相关学术论文等资料为参考，力求文物说明真实准确。

落到实处来看，对真实性的遵循也体现在展览的主线设计上。整个展览的叙事线索和重点展项都是以史实为依据，虽然"桃园结义""三气周瑜""空城计"等演义故事都精彩纷呈且广为人知，但由于其虚构性，策展团队并没有将其置于展览的主线和关键框架上。因此大到每个单元，小到每个组、每个图版，其标题和主体都是以正史的记载为准，其因果关系和主次关系也符合客观事实，避免因将虚构故事作为主要展示内容而误导观众、令观众将其默认为真实历史的情况。如对于"七擒孟获"这一家喻户晓的主题，由于缺乏明确的正史记载，展览没有将其单列出来，而是把它置于"攻心为上"这一诸葛亮的用兵纲领之下，解释了这一经典故事的源流与演变，并将其作为诸葛亮"攻心为上"的注解和三国时期民族融合发展的典型案例。

此外，对于少数尚未有定论或未有实证的内容，展览选择只陈述情况、描述状态，并在措辞上严谨地使用"推测""相传"等词语，绝不轻易下结论。恰当的"留白"正是对真实性的尊重，也为未来研究成果更新更改的空间。

（2）B面：虚构

随着三国文化的不断发展，当人们提及三国这一概念时，联想到的除了那一段几十年风云变幻的历史，往往还有那些动人心弦的世代传诵的三国故事。这些故事"主要是从宋元时期的讲三分、平话和杂剧，元末明初的《三国演义》，以及明清时期的戏曲发展而来"[5]，它们世代延续直至今日，已是中华优秀传统文化的重要组成部分，如今还通过漫画、影视、游戏等传播形式，展现出在当代的强劲生命力。

　　定格于特定历史时期的真实，与在正史基础上长久积累而演绎成的虚构，都是三国文化必不可少的部分，二者在漫长的岁月中逐渐交织缠绕在一起，共同构成如今精彩而多元的三国文化。这些故事，虽包含了对三国历史的虚构，却是对宋元以降社会观念的真实反映，真实地承载着民众的思想、记忆与情感，只要正确处理，也能够发挥弘扬优秀传统文化、传播积极正向的价值观等作用，因此也不应该在展览中舍弃。

　　所以策展团队秉持求真的态度并尊重虚构的存在，以正史为主，演绎为辅，演绎部分去伪存真，通过溯源、分析、对比等方法，对故事中的真假进行鉴别和说明，同时揭示它们历经了怎样的发展和演变，而不仅仅是对耳熟能详的故事进行简单的重复。以此为原则，将一些演绎的内容置于恰当的板块之下，通过那些大家喜闻乐见的故事，拉近展览与观众之间的距离，激发其观展兴趣，在引导观众区分正史与演绎的同时还原真实历史图景。

　　以展览中的具体内容为例，"桃园结义"是最广为人知且影响深远的三国故事之一。它生动地诠释了"忠义"这一精神内核。然而令人遗憾的是，"桃园结义"在正史上并无记载，它最早出现在元代的平话和杂剧中，经市井流传和加工，于罗贯中《三国演义》一书中得以定型并广泛传播。"桃园结义"这一故事虽为虚构，但刘备、关羽、张飞三人的深情厚谊却是有历史依据的：《三国志·蜀书·关羽传》记载，刘备、关羽、张飞三人"寝则同床，恩若兄弟"；曹魏谋士刘晔也指出关羽与刘备"义为君臣，恩犹父子"；蜀汉大臣费诗曾对关羽说"王与君侯，譬犹一体，同休等戚，祸福共之"。鉴于此，展览没有将桃园结义的故事再讲一遍，而是用灯箱层景的视觉性展示来表现桃园结义的场景，同时在文字标题上，以"恩若兄弟"来代替"桃园结义"，并在解说文字中列举史料，阐明这些史料应为"桃园结义"的创作依据。

　　"青梅煮酒"这一故事是罗贯中根据《三国志》等史籍的相关记载，加工虚构改编而成。史书上只记载了刘备与曹操共同进餐时曹操说出"今天下英雄，唯使君与操耳"之语，刘备吓得掉了筷子和勺子的情景，小说则增加了"青梅""煮酒"等细节元素，还极具想象力地丰富了双方的对话，增添了戏剧性和故事的张力。展览用微缩雕塑和模型展现了二人在席间对谈的场景，不用文字赘述，而是以立体的场景来表现出曹操挥斥方遒、高谈阔论的气势以及刘备慌乱之下的从容与镇定（图3-2），同时用投影灯在其背后的幕帘上显示出"今天下英雄，唯使君与操耳"和"先主方食，失匕箸"等正史中记载的文字。通过这样的设置，我们希望观众在观看时，既能被生动的场景激活脑海中关于"煮酒论英雄"的印象，产生熟悉感、亲切感，又能通过投影文字，了解正史中的真实记载。

《三国演义》中有"计收姜维"的故事，讲述诸葛亮使用妙计将魏将收降而为己用的故事，计谋环环相扣，情节引人入胜。然而《三国志》记载的则是郡太守怀疑姜维有投敌之心，将其拒之城门外，姜维无处容身只好归降，并无对诸葛亮计谋的记载。这个故事的结果虽有史实依据，但其过程却是文学化的加工与虚构，以此突出展现诸葛亮的神机妙算。展览在对此事件的处理中，选择了尊重史实而不是一味美化诸葛亮，在展项中以"姜维归蜀汉"为名称，用简洁的文字描述了真实的记载，同时为了丰富展示内容，在旁边配上了姜维归降的手绘线描图，文字为实，图片为虚，虚实结合地展示这一历史事件。

2.双线·并置

"叙事的本质是信息交流，展示设计作为一种叙事性的物质载体，需要以情节为线索，把散碎的原始信息、资料整合后，组成一条或几条线索以形成一个有机的叙述框架。"[6]在展览主题确定后，便需要进行资料和信息的筛选与整合、叙事线索的编织与叙事框架的搭建，从而将所有展览因素有机联结起来，形成有秩序、有逻辑、有层次的展示结构，帮助观众更好地理解和接受展览的内容和传达的意义。

图3-2 "煮酒论英雄"场景细节

（1）双重线索的叙事

刘备称他得到诸葛亮辅佐是"犹鱼之有水也"，诸葛亮对刘备及其兴复大业则是"鞠躬尽瘁死而后已"，二人之间的关系一直被后世誉为君臣关系的最高典范，被评价为"君臣之至公，古今之盛轨"。然而自建安十二年（207）刘备前往隆中三顾茅庐请得诸葛亮出山，到章武三年（223）刘备托孤于诸葛亮后病逝，二人真正的交汇时间，仅有短短的16年。此展览虽是君臣合展，但如果只展示诸葛亮辅佐刘备的这一段时间，那么则无法完全展现出二人波澜壮阔的一生，毕竟刘备在得诸葛亮相助之前已辗转半生，诸葛亮在刘备逝世之后也仍在为蜀汉竭股肱之力、效忠贞之节。

刘备与诸葛亮，一个弘毅宽厚、知人待士、百折不挠，从贩履织席到成为蜀汉开国皇帝；一个达治知变、正而有谋、坚韧不拔，从山野隐士到千古明相，二人都有着精彩绝伦的一生和跌宕起伏的经历，这也意味着围绕他们有太多可以展示和讲述的内容。在进一步明确展览立意和提炼展览内核之后，策展团队决定使用双重线索来进行叙事：一条线索为明君良臣的壮阔史诗，主要展现刘备与诸葛亮肝胆相照的深情厚谊以及二人的精神与品格，重点在于君臣鱼水之情；一条线索为匡扶天下的奋斗历程，主要展现在群雄割据的乱世，二人怀揣着共同的理想与信念逐步建立并稳固政权，重点在于匡扶天下之业。

在确定展览的基本线索后，则需要进行历史事件与人物事迹的选择与编排。

首先要选择事件，也就是要从二人乱世浮沉、风云际会的一生中，选择出一些能够凸显展览主题的具有典型性和代表性的事件来作为叙述对象。在事件的选择中，也有多重的考量。一是要兼顾到二人人生的各个阶段，保证叙事的完整性，因此展线中既有刘备从半生创业的艰难、武担山称帝的鼎盛到夷陵之战兵败的遗憾，也有诸葛亮从隐居南阳、出山扶主、南征北伐到星落五丈原的传奇人生。二是因为要突出展现刘备与诸葛亮的鱼水之契，所以二人共同参与的事件是重点关注对象，如"三顾茅庐""隆中对""白帝托孤"等事件。三是为人所熟知和称道的事迹和成就，如"建立蜀汉""赤壁之战"等。此外，除了宏观层面，还关注微观上的生活细节，选取一些能够展示二人性格特征与精神品质的事件，如"王气初显"展示刘备少年时已有鸿鹄之志，"怒鞭督邮"展现青年刘备在"仁厚"之外的形象，使人物更加丰满和立体。在此之外，还要尽量使两条线索的长度与体量相当，避免厚此薄彼的情况。

其次则是赋予事件"秩序"，也就是要把这些事件按照一定的逻辑进行编排，组织形成完整的叙事线。从史实来说，这些事件是按一定的时间先后顺序发生的，但是要让叙事成为驱动展览时序演进的内在力量，使讲述更精彩和更易于观众理解和接受，在线性的时间总序之中，还需要有节奏，有详略，并适当安排转折点和高光片段。如果接连不断地展示重大事件，可能会让观众在短时间内信息过载，不知该在何处暂停和休息。因此需要处理好展示的节奏，大事件与小事件相搭配，详细展示和简略介绍相结合。将转折点安排在合适的位置，可以引发好奇心，激发观展兴趣。如在展览中将"赤壁之战"大致置于主线的三分之一处，在此展示这一奠定"三足鼎立"基础的战役，希望能够缓解观展疲劳，调动观众对后续内容的参观兴趣。一些重大历史事件和人物的感人事迹，既是观众耳熟能详的，又能够极大牵动观众的情绪，这些便是展览中的高光片段。策展团队选择将这些高光片段有策略地分布在展线中，如将最重要的高光片段即"刘备称帝"置于整个展线的最中间，其他较次要的高光片段如"隆中对""出师北伐"等则夹杂在不同时间段的中间部分，这些位置醒目且不易错过，也便于带动整条展线的情绪和氛围。

经过意向的确定、事件的选择和编排后，便组织形成了两条叙事线索：一条以展现个人的成长与情感为主，如刘备少年立志、与张飞和关羽恩若兄弟，诸葛亮隐居隆中、静待天时，以及三顾茅庐、白帝托孤等；一条结合天下局势来展现二人的艰辛奋斗与所建功绩，如联吴抗曹、进取汉中、武担称帝、治理蜀汉、夷陵之战、安抚南中、北伐曹魏等。

（2）并置而成的框架

鱼水之情的基础，是济世救民的共同政治理想，以及天下一统的坚定信念；君明臣良所带来的，是蜀汉政权的建立与延续，以及西南地区的民族融合。刘备与诸葛亮作为乱世中的君主与丞相，其个人经历与历史进程密不可分，其私人情感与家国大义也紧密联结。因此，在已经形成的两条叙事线索中，既有各自独立的部分，也有相交汇的部分，将这两条展线并置起来，使它们在保持各自完整性的基础上也有一定的交集，这便形成了展览的基本骨架。

骨架之上，还要有清晰的肌理脉络，使其构成完整的框架，此时便需要进行单元和章节的划分。时间本身是连续流动的，但如果不分段地进行叙事，那么其中较长的时间跨度、大量的事件和信息可能会使观众产生疲劳，不利于接受和消化。因此，在综合考量刘备与诸葛亮的时代背景与人生轨迹的基础上，以紧密的逻辑关系层层推进地来划分展览的各部分，考虑每一部分的体量大小，并兼顾开端、铺垫、发展、高潮、结局等叙事节奏，最终将展览分为三个单元，每个单元下有若干组。

第一单元"乱世浮沉　以待天时"，分为"创业时艰"和"隆中耕读"两组，前者以刘备为主，呈现了东汉末年群雄割据背景下，刘备屡败屡起的百折不挠的创业精神；后者以诸葛亮为主，展现其躬耕陇亩的隐居生活和静待天时的少年壮志。第二单元"君臣共济　蜀汉立国"，分为"君臣际会""武担称帝""白帝托孤"三组，第一、三组以刘备、诸葛亮二人为主，第二组以刘备为主，讲述了在诸葛亮的辅佐下，刘备广揽名士、开疆扩土，终成一番霸业，建国称帝，但折戟夷陵，弥留之际将江山社稷悉数托付于诸葛亮。第三单元"兴复汉室　鞠躬尽瘁"分为"开府治蜀""安抚南中""北伐曹魏""诸葛奇思""星落五丈原"五组，讲述了蜀汉新主幼弱之际，诸葛亮秉承刘备遗志，鞠躬尽瘁终致积劳成疾，病逝于五丈原。

框架搭好后，还要丰富的内容来填充，叙事要精彩，则需要有层次、有细节、

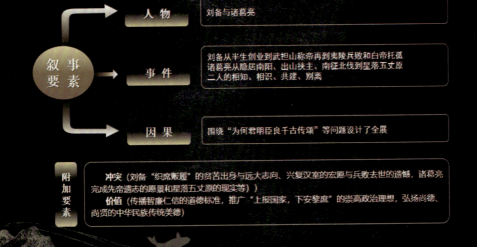

图3-3　叙事要素提取

有变化。因此，展览在策划之初，就决定在以历史发展脉络为叙事线索的基础上，对正史记载、演义故事、文物内涵等内容进行综合运用，并通过讲述历史事件、还原历史背景、构建历史场景、阐释最新考古发现等手段，丰富叙事层次。在史实层面上，展现以刘备、诸葛亮为叙事主体的三国史事，勾勒那个英雄辈出、逆流而上的时代，以及刘备与诸葛亮的君臣际会；在文物层面上，通过文物揭示时人生活面貌、社会组织、价值主张、精神信仰等，与展览情境相融；在认知层面上，以正史为主，演义为辅，演义部分去伪存真，帮助观众还原真实历史图景，形成对三国文化的新的认知；在情感层面上，展现刘备为君之仁、为兄之义，诸葛亮为臣之忠、治世之能，凸显君臣鱼水之情和匡扶天下之义，以及二人之间感人肺腑的恩义、信赖与依托。

此外，还在叙事线索中展示一些矛盾与冲突以制造情节的跌宕，例如刘备"少孤""织席贩履"的幼年贫苦与"羽葆盖车"的少年志向，以及他兴复汉室的宏愿与兵败去世的遗憾，又如诸葛亮完成先帝遗志的愿景和病逝五丈原的现实等，更加鲜活、立体、多面地呈现人物形象，拓宽展览的视野范围与展示维度，也希望能给观众带来更强烈的情感共振，提升观展体验（图3-3）。

3.原境·无界

　　成都武侯祠肇始于蜀汉章武三年（223）刘备入葬惠陵时，迄今已有 1800 年的积淀。成都武侯祠博物馆构筑于古建原境，作为连接三国文化与公众的物质载体，是记录、保存、承载历史记忆的容器，也是重塑三国文化当代记忆的重要场域。

　　"一方面，博物馆是记忆的神殿，文化与历史在博物馆中被保存、解释和表现；另一方面，博物馆是公共活动的空间，是观众接触和理解未知、产生交流和对话的场所，观众在此凝聚情感并生成集体记忆。"[7]展览是博物馆这两方面特性的一个集中体现，在其间既能展示和阐释历史与文化，也能与观众互动和对话。与位于现代馆舍建筑中的展览相比，"刘备与诸葛亮君臣合展"这一展览有其自身的特殊性，它位于刘备与诸葛亮的君臣合祀祠庙和极负盛名的蜀汉英雄纪念地——成都武侯祠内，与刘备殿、孔明殿、惠陵、三义庙等历史遗迹同在一个场域。

　　因此我们在策展之初，就力图打破展览的边界，深度挖掘文化符号，不局限于封闭的展厅内，而是与整个武侯祠一同构成一个有机的整体，让武侯祠的客观物理存在及其背后的历史文化底蕴都参与到展览的叙事中来，打造展览与原境相结合的复合体验。同时，博物馆是记录个人和集体记忆演变的物质载体，在保留历史记忆的同时，我们也希望能通过展览来连通古今，跨越时空的界限，在历史与当代之间创造对话。

　　（1）原境之上的博物馆

　　蜀汉章武三年（223），刘备崩殂永安宫后葬惠陵，陵旁同时建有汉昭烈庙，称原庙。西晋统治结束后，蜀中地区兴起了纪念蜀汉英雄的活动，先主祠、武侯祠先后修建，与惠陵在同一个大区域内，规模初具，为今日武侯祠格局的形成奠定了基础。明洪武二十三年（1390），蜀献王朱椿主张"君臣宜一体"，下令重修庙宇，废除惠陵旁的武侯祠，将诸葛亮像和祠堂中的碑碣迁入昭烈庙中，君臣合祀的格局由此而来。康熙年间武侯祠重建，将刘备殿和诸葛亮殿在同一中轴线有序排列，前后两殿并立，此种布局延续至今。历经千载传承与发展，在原址之上形成了集惠陵、汉昭烈庙、武侯祠、三义庙等部分于一体的成都武侯祠博物馆。

纵观成都武侯祠博物馆的历史沿革，会发现其延续和发展都离不开官方和民间对刘备与诸葛亮的纪念。对博物馆而言，"刘备与诸葛亮君臣合展"这一纪念两位历史名人的基本陈列，能深刻反映成都武侯祠博物馆的性质和特色，是展示博物馆灵魂的窗口；对于"刘备与诸葛亮君臣合展"这个展览而言，修建于原境之内的博物馆，其本身就是一个无法被陈放在展厅的展品。这一特质，也为展览中"展"与"馆"的深度交融和互动提供了现实条件。

展览定名为"明良千古——刘备与诸葛亮君臣合展"，其中的"明良千古"，即取自现武侯祠二门上悬挂的清人吴英所撰书的匾额"明良千古"（图3-4），该匾书于清康熙三十五年（1696），内容释义为"明君良弼，千古垂范"。据明代学者王士性《入蜀记》记载，成都武侯祠中"坊称际会，殿名明良"，则至迟明代已有"明良"殿，此匾可能继承了明匾。武侯祠现存的匾联除个别为明代所作外，主要为清代作品，其内容广泛，意韵深邃，同时朗朗上口，言简意赅，发人深省。匾额楹联也是武侯祠建筑群从明清以来逐渐形成的一个文化特色，它们有的记述和赞扬刘备、诸葛亮的功绩和精神，有的述志兴怀和绘景抒情，还有的借古喻今，意在警醒启示。这些匾额楹联代表了当时社会各界和广大人民群众对刘备、诸葛亮二人评价的主流方向，也蕴含了他们对武侯祠这一古迹所寄托的情感与思想。用"明良千古"作为展览主标题，言简意赅，既紧扣成都武侯祠君臣合祀、合祭、合展的特殊性，也与武侯祠建筑群的匾联相呼应，体现这一文化特色和历史记忆。

图3-4 "明良千古"匾

在展览规划初期阶段，策展团队便在馆内进行了多次场地调查（图3-5），最终将展厅地点确定为"孔明苑"。这是一座半开放式建筑院落，位于武侯祠主展线与惠陵之间。在此举办"刘备与诸葛亮君臣合展"，能够完整地构建武侯祠的整体观展动线，即"汉昭烈庙大门—二门—刘备殿—过厅—孔明殿—三义庙—'刘备与诸葛亮君臣合展'—惠陵"一线的遗址原状与基本陈列参观路线。如此一来，展览不仅有自身的叙事，也被纳入了整座博物馆关于三国文化与武侯祠历史文化的另一重叙事之中。

图3-5　策展人陪同专家进行现场踏勘

（2）打破边界的展览

　　展览的无界，也体现在展览对各种资源的汇聚，包括但不限于遗产资源、学术资源、教育资源等，无边界的展览需要通过汇集和应用不同类别的资源来打造。以成都武侯祠博物馆的遗产资源为例，展厅毗邻惠陵这一地理条件，为进一步实践园展互映提供了可能性。在展厅中开窗透景，使刘备墓惠陵与展览中相应的内容隔窗相望，将历史遗址与祠庙园林景观本体引入展陈视野，让惠陵这一遗址与刘备归葬惠陵的史实共同参与叙事，两相映照，情、景、理相交融，活化博物馆互动空间。

　　除了可感可触的实体遗产资源，还有无形的学术成果资源。成都武侯祠博物馆于 2011 年启动"全国三国文化遗存调查"项目，旨在调查厘清全国范围内三国文化遗存分布及现状，通过实地调查、数据采集、影像记录、采访录音等资料收集方式，深入开展文化遗产学、考古学、历史学、社会学、民族学以及文化产业和旅游开发管理等多领域研究工作（图3-6），整理形成了丰富翔实的考察资料。策展团队在研读这些资料后，找出与展览中各个历史事件相关的遗址，筛选后用图文并茂的方式将其呈现在展览中恰当的位置，如刘备入蜀路线上的葭萌关、富乐山、白马关、雒城等遗址，与刘备进取汉中相关的阳平关、石门栈道、汉中王设坛处等遗址，反映诸葛亮盐铁政策的位于四川邛崃的汉代古火井遗址，以及与诸葛亮南征相关的小相岭、诸葛山、孔明寨等遗址。这些遗址的图文资料，不仅是对各地三国文化资源的整合，也使展览在历史事件与文物展品之外，又增加了一个展示维度，我们希望能让观众在展览中"云游各地"，增进对三国文化遗存的了解，厘清其与相关历史、传说之间的关系。

　　"博物馆的叙事放置在整个人类文明发展的时空中来看，与文化遗产所反映的客观存在、建构的集体记忆之间具有密切的联系。"[8]塑造当代记忆，也是展览策划中的重要关注点。为此，团队在策展之初便构想了丰富的线上线下传播方式与多样的社教活动，在本书"观展"章节将进行详细的论述。此外，展览中还多处采用了现代的新科技和新材料来进行叙事呈现，例如用多媒体动画视频来讲述历史事件，用各种材料组合而成的微缩场景来复原历史情景，用具有当代艺术特色的雕塑来展现人物形象，希望能够创新观展体验，在深化拓展内容主题的同时引起观众的情感共鸣，启发思想，让三国文化在当代的记忆之海里不断激荡出新的浪花。

图3-6   在文化遗存点位进行前期展览资料的收集

（二）展品组织

展品是展览的主要组成部分，也是展览真实性的重要支撑。具体到本次展览的展品组织中，如何明确展品的来源渠道，如何具体选择展品，如何将展品进行组团，以及如何使展品与文本内容相呼应、如何体现主题，都需要结合实际情况来协调，各个环节环环相扣，从而组织起一套符合逻辑的展品体系。

1.展品从何而来

三国时期虽只有不到百年的时间，却是一个革故鼎新、秩序重构的时代，天下局势错综复杂、洪波涌动，却无法阻挡英雄人物千古传颂的潮流，更在激荡中见证着汉文化圈和中华文明在多元一体结构下的蓬勃发展。

要创设一个历史展览，文物展品是不可或缺的。三国，可谓我国大众最为熟知的历史阶段和文化题材之一。三国文化历经千年流传，以史、志、演义等多种形式，深刻地影响和塑造了国人的价值观念，发展成为中华优秀传统文化的核心基因之一，它在历史的文牍和演义上留下无数荡气回肠的记载与传说，却未能留存太多具体且能够供人直观体味的实证之物。刘备与诸葛亮是三国历史中极为重要的人物，如何用文物来表述这一历史人物专题展览，同时展现出当时真实流转的物质世界和人文面貌，是策展团队面临的一大难题。

三国时期自公元 184 年黄巾起义至公元 280 年三家归晋，不足百年的历史中群雄割据，战火纷飞，社会经济发展缓慢，三国时期墓葬及器物发现、辨识有一定难度，所以严格考古学意义上的三国时期文物较少，也非常难以进行组织。刘备与诸葛亮二人都是一生辗转多地，通过多年拼搏，最终成就一番霸业，他们不同时期所接触的不同地域文化、事业发展和身份变化也给展览文物的选择提出了一定的要求。由于文物有限，此展览虽是纪念刘备与诸葛亮两位历史名人的特展，却不能像近现代的历史名人展那样，将数量可观的名人拥有或使用过的物品作为展品，直接地、强关联性地展现名人的人生际遇、生活细节乃至性格特征。这也为讲述刘备与诸葛亮波澜壮阔的生平和二人君臣共济、匡扶天下的传奇带来了一定的挑战。

（1）结合馆藏与借展，博览三国

此次展览是成都武侯祠博物馆的基本陈列，也为馆藏文物提供了一个新的展示平台。以此为契机，陈列展览部联合保管研究部，在以往研究成果的基础上，对馆藏文物进行筛选。在展品选择上，针对主题与叙事线，综合考量文物的时代、类型、材质、特征、保存状况、学术价值等方面，强调考古文物的史实叙述、历史元素的传承转化、古代工艺的现代表达三大主题，以真实性、典型性、知识性、艺术性、故事性为标准，并希望尽可能多地展现当时社会的各个面向，以此来选取贴合展览主题并且具有良好展示效果的文物进行展出。

最终选取出 90 余件本馆馆藏文物作为展品，然而若要为观众呈现更立体和完整的历史面貌，已有的馆藏无法完全满足这个需求，还需要更多展品的支撑。文物的真实性是其他物件所不能替代的，在文物缺乏的现实之下，采用了在临时展览中常用的方式——借展。经过多方的沟通与协调后，成都武侯祠博物馆与襄阳市博物馆、四川博物院、凉山彝族自治州博物馆、成都文物考古研究院、成都永陵博物馆等 5 家文博单位签订了文物借展合同，共借得文物 130 余件，涵盖纸质、木器、石器、陶瓷器、青铜器、金银器、铜铁器等七大类别，希望能够在拓展信息互动的同时，全面复原中华文明多元一体格局下的三国时代（图 3-7）。

不同于临时展览展出时间较短（多为几个月），基本陈列是长期的、以年为展期计数单位的，随着时间的推移，也将面临合同到期，需要把借展的文物归还给其所属单位的问题。为解决这个难题，策展团队希望通过借展的形式，打造一个全新的模式，即在不同的时间段内，分批次向不同的单位借展，并定期更换一部分展品，接续展出，在"变"与"不变"中，实现展览的动态更新和与时俱进。其中，不变的是展览的主题、内核、基本内容以及来自本馆的展品，变化的则是来自其他单位的借展文物展品，馆藏文物与借展文物相结合，共同打造一个生长的、流动的基本陈列。

诚然，接续借展并更换展品的模式不仅是对博物馆组织协调水平的考验，也增加了一定的工作量，包括但不限于与不同文博单位的协商、展品的挑选与组织、合同的签订、文物点交以及布展和撤展等。但这样的探索是值得去实践与付出的，是在有限的条件下想做出一个好的基本陈列的有益尝试，是此展览的亮点与独特之处，也会为这个基本陈列增色添彩。此外，我们也希望通过该模式来开拓一个馆际交流与协作的渠道，搭建一个三国文物与三国文化的展示平台，让更多的来自全国各地的文物在此展出，从不同的方面折射三国的时代特征和刘备与诸葛亮的人格魅力，在逐步的累加中构建博览三国的图景。

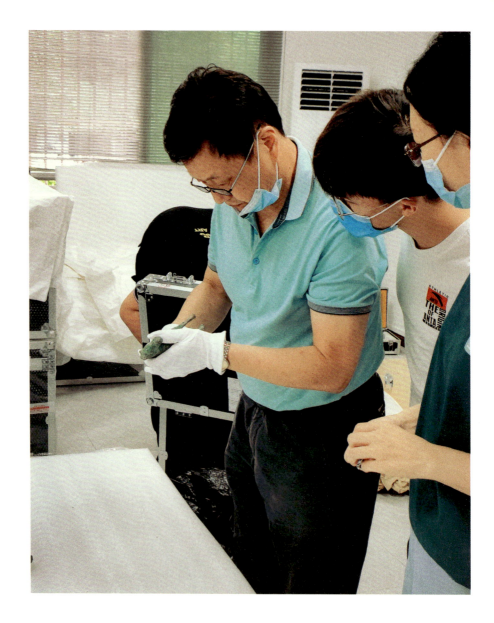

图3-7　在凉山彝族自治州博物馆进行文物甄选

图3-8　三国陶兽（最左）等文物的展示

　　得益于借展展品的更换，策展团队也能有机会将最新的考古发现与阐释融入展览语境中进行展出，给观众带来常看常新的观展体验。在首批借来的展品中，就不乏首次公开展出的文物和新近出土的文物。例如来自襄阳市博物馆的三国陶兽（图3-8）、三国青瓷辟邪形器、三国六面印等文物，发掘出土于襄阳后岗墓地、民发盛特区墓地、岘首山乐肇墓等墓葬，其大多数资料从未对外公布，此次展览是这批文物首次对外公开展示。成都文物考古研究院在成都字库街遗址中新发掘的一系列与兵器相关的汉代文物，也是首次展出，这些文物完整呈现了当时箭镞的生产流程，从熔化金属的坩埚到箭镞陶范和箭镞石范，再到磨刀器，最终到一个一个箭镞的诞生，让观众从文物中管窥当时的战争情态（图3-9、图3-10）。

　　（2）延伸地域与时代，拓宽视野

　　虽然武侯祠博物馆位于成都，但展览的展品来源并不局限于成都，而是试图立足于此地而向外探寻，尽可能在贴合主题的情况下扩大地域覆盖范围。

　　成都是诸葛亮隆中对策时提到的沃野千里的益州的治所，是刘备登基之地和蜀汉都城，是蜀汉王朝的政治、经济、文化中心，许多重大事件在此发生，许多英雄人物于此登场，这里至今仍留存着丰厚的三国历史文化遗产。着眼于成都，武侯祠博物馆与四川博物院、成都文物考古研究院和成都永陵博物馆合作借展，几家单位

图3-9　箭镞相关展项全景（左页）

图3-10　箭镞相关展项细节（右页）

性质不同，其馆藏亦各有特色，综合展现了 1800 年前的蜀汉都城成都的社会风貌以及政治、经济、文化情况。

荆襄地区是三国时期的军事必争之地，襄阳市博物馆收藏有不少三国时期的文物，能够借以展现当时诸葛亮避难荆州和隆中耕读时的社会状况与生活环境。

在凉山彝族自治州内，有许多与诸葛亮南征相关的遗址，如喜德县的小相岭、登相营，因相传诸葛亮平定南中地区叛乱时经过此处并安营扎寨而得名，西昌的诸葛城也因传说是诸葛亮南征时所筑而得名。凉山彝族自治州博物馆收藏的汉末三国时期的藏品，能够呈现诸葛亮南征时期的历史面貌，有浓郁的军事和民族风格。

策展团队将积极推进与各个博物馆之间的交流与合作，尽可能地拓展借展渠道。仅以同为"武侯祠"的单位为例，目前全国有多个武侯祠，位于四川省、陕西省、甘肃省、云南省、湖北省、重庆市等多个省市，不同地区的藏品亦有其独特的地域特色，若能进行展示，则有机会让观众感受同一时期不同地域文物的独特魅力，也能横向对比其共性和差异。

历史是过去与现在的持续对话，每一段历史的延续传承，都经历了从记录到演绎，再到以线索、符号和象征手段形象表达的漫长周期。虽是以刘备与诸葛亮为核心的历史展，但是展览希望能够不将展品的年代局限于二位历史名人所身处的汉末三国时期，而是将其纵向延伸，力求尽可能全面而立体地展现二人所处时代与生平事迹，以及其深远的影响与后世的记录与流传。基于此，虽然本次展览的大部分展品是汉末三国时期的文物，但仍有小部分展品来自其他时代。

古代图书聚散历经了曲折复杂的历史过程，现存记述三国历史的古籍，当首推陈寿的《三国志》。曾在蜀汉任职后为晋臣的陈寿依据其时已有的《魏书》《吴书》《魏略》等专史，按纪传体例，记录下东汉末年至三国归晋百年间风云际

图3-11 《三国志》及《三国演义》古籍的展示

会的历史面貌。后人为《三国志》补缺、备异、正误、评点和刻印，留下多部印本、注本、译本和校本，并在众多后世文献中记录下三国的点滴细节。此次展览的展品中有成都武侯祠博物馆馆藏的明代崇祯十七年（1644）《三国志》和清光绪十三年（1887）《三国志》印本，通过展示不同时代的《三国志》，让观众能够直观感受这一史书在漫漫历史长河中的流传以及不同版本的差异与共性。如果说《三国志》铭刻了无数豪杰的名字，那么《三国演义》则是描绘了绚烂的英雄传奇，因此展览也展出了馆藏民国时期的《精校全图绣像三国志演义》印本，该印本图文并茂，展现出演义是如此精彩和引人入胜。此外，为了贴合刘备与诸葛亮的展览主题，印本以翻开内页的形式进行展示，翻开的那一页正是刘备的相关记载与故事（图3-11）。

公元223年，刘备兵败夷陵后不久病逝。南中的一些大姓、夷帅，乘机起兵反叛，图谋摆脱蜀汉的控制，割据南中。建兴三年（225）三月，诸葛亮在败师又丧主的情况下，先安定国内，后亲率大军平定南中叛乱，历史上称为"诸葛亮南征"。战争结束后，诸葛亮在南中地区实行了"和抚"政策，较为妥善地处理了西南地区复杂的民族问题。古往今来，西南地区留下了大量关于诸葛亮南征的遗迹遗存及民间传说，这次展出的两件铜鼓就是一个典型的例证。铜鼓的起源远早于诸葛亮所处的时代，"诸葛鼓"一词最早见于明代，西南地区的人民习惯将铜鼓称为"诸葛鼓"。这一名称中包含了两种传说：一说铜鼓是诸葛亮南征时在军中制作，白天用来煮饭，晚上用来敲击发出警报；另一种说法，则是诸葛亮制作铜鼓，散埋于山中，用来镇压蛮夷。这些猜测尚无法证实，但"诸葛鼓"已经成为今天我们纪念诸葛亮的一种载体。展出的两件铜鼓中，一件为东汉时期的四耳蹲蛙青铜鼓（图3-12），一件为南北朝时期的铜鼓（图3-13）。二者虽来自不同时代，但在岁月变迁中，都被赋予"诸葛鼓"这一别称，它们承载着民间社会对诸葛亮南征史实的记忆，也反映了三国文化生命力之顽强，诸葛亮影响之深远。

除了文物，展览还遵循少而精的原则，克制地使用少量现代模型来进行展示，以此弥补一些历史物证因客观条件而无法在此展出的缺憾。例如在"联吴抗曹"和"赤壁之战"版面的中间，用一整个展柜展示了现代非遗工匠制作的长和高均达1米多的东吴战船模型，展现出东吴水师之利；在"发展蜀锦"的版面下，系统地展示了成都老官山织机、丁桥织机的模型和蜀锦的复制品，帮助观众更直观地了解蜀锦的织造与工艺。

此外，成都武侯祠博物馆还藏有许多明清时期的与三国文化相关的文物，如明代的豆青釉诸葛碗，清康熙年间的粉彩"空城计"瓷盘，清道光年间的"义重桃园"牌匾等，在将来可作为下一批展品，实现展览的生长与延续。

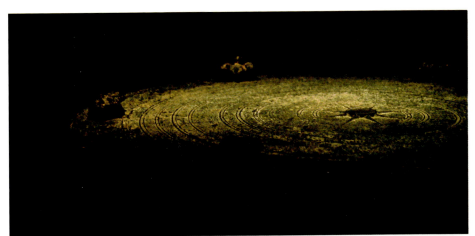

图3-12　四耳蹲蛙青铜鼓细节（上）

图3-13　铜鼓的展示（下）

2.展品构架如何搭建

从展览定位来讲，本展览并非一个着重强调文物观赏性和审美性的器物展，而是一个历史名人的主题展览。这就意味着纯粹展现器物的美丽和精致在此时并不是最主要的任务，更重要的是呈现展品所蕴含的信息与知识，体现展品与展览主题的相关性、展品之间的关联性与总体的系统性。

徐良高老师曾对考古学研究中的"建构"做出如下思考："建立现象之间的关联，对一个行为、事件过程和历史片段等进行整体陈述。建构是一种研究者对某一历史事件的过程和历史片段中相关因素的关联性的复原。"[9]对策展团队来说，如何将展品系统地组织起来，如何呈现展品与主题、展品之间的关联，如何利用展品来展现历史面貌、构建叙事、诠释主题，都是需要反复思考和衡量的。其中非常重要的一点便是阐释信息与关联，构建连接。阐释文物本身的信息，阐释文物之间以及文物与展览其他要素的关联，构建各要素之间的连接，让展品不是零散而随意地放置，而是成体系地、有逻辑和有线索地排列和布置。

展览所选择的展品大部分为汉末三国时期的文物，其出土地与收藏地也基本都是历史上刘备与诸葛亮所到过的地点，因此展品在时空上与展览主题是有宏观联系的。然而这还远远不够，还需要阐释更丰富的信息并寻找更深层次的连接。宋向光老师在《博物馆藏品构建连接》一文中提到："作为单体的物件，更多强调其客观存在的特点，体现其作为物质实体的客观特征，如材质、制作工艺、形制、结构、装饰、时间、地域等因素……作为博物馆收藏，更关注这些物件的联系、共性特点和系统性特征，更强调这些物件在实现博物馆机构使命中发挥的作用。"[10]展品的客观特征在说明牌上的基本信息中便可以得到清晰展现，如文物名称常常可以体现其材质、器形、纹饰等特征，时间和地域可以通过标注的年代和出土地获知，更多延伸性的信息也能够在文物的详细说明文字中进行补充。而展品的关联性与系统性，则需要在充分研究的基础上，将文物的信息进行解构，并尝试按照不同的标准将其分类：对于同类型的文物，归纳和提炼其共性；对于不同类型的文物，则寻找其关联，形成信息组团。在此基础上，辅以多元的展示手法，将展品有机地组织起来，与展览主题和叙事框架相连接，融合构成完整的展示体系，力求既诠释出展品蕴含的精神文化意义，又能为观众提供系统而整体的观展体验。

在展品组织的具体实践中，策展团队尝试将文物进行"再语境化"。对于来自不同地域不同单位的文物，首先对其基本信息进行梳理和提炼，包括客观特征、时代背景、文化意义等，再根据其关联进行组团，最后结合展览主题将其置于恰当的语境和展示项目中。"当物移入展示空间、置入展览分类框架的特定位置，并处在邻近展品的联系与限定下，物便得以在展览中'再语境化'。"[11]

成都武侯祠博物馆的褐陶菱形纹铧犁与铁锸，虽然材质与器形均不同，但都与农业生产相关；襄阳市博物馆的褐绿釉陶灶、绿釉陶磨、陶水井、陶猪圈等文物，虽然类型不同，但都能展现农耕生活中的点滴片段。这些文物都享有"农耕生活"的同一语境维度，将它们组团陈列，置于诸葛亮"隆中耕读"的板块下，可以系统地展示那个时代农业生产和生活的场景，供观众遥想诸葛亮隐居隆中、躬耕陇亩时的情形。

诸葛亮在《隆中对》中曾言："益州险塞，沃野千里，天府之土，高祖因之以成帝业。"在如何用文物表现益州的富庶与安乐这一问题上，展览选择在刘备入蜀的板块下，将成都武侯祠博物馆的灰陶说书俑与摇钱树置于两个独立柜中进行展示。两件文物虽然形制完全不同，但都是汉代四川地区的代表性文物，说书俑生动的笑容传递出此地人民的乐观与豁达，摇钱树精致且极具想象力的造型折射出人们的浪漫和对永生与财富的渴望，天府之国中人民安居乐业的图景便凝聚于此间（图3-14、图3-15）。

刘备初定益州时，军用不足，因此采纳刘巴的建议大量铸造铜钱并发行。展览

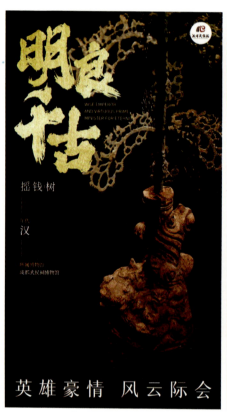

图3-14　摇钱树文物海报（左）

图3-15　灰陶说书俑文物海报（右）

将凉山彝族自治州博物馆的铜五铢钱叠铸件、铜五铢钱范与成都武侯祠博物馆的直百五铢铜钱、直百铜钱、定平一百铜钱、太平百钱铜钱陈列于同一个平柜中，与刘备铸钱的政策和蜀汉货币的情况等版面内容相对应，构建一个从发布货币政策到铸钱再到出现铜钱成品及各种类型铜钱的逻辑链条，帮助观众对此建立更直观和完整的认知。

　　凉山彝族自治州博物馆的双柄铜刀、双圆饼首铜剑、曲柄剑、三角援戈、铜矛、铜盾，与成都武侯祠博物馆的铜剑、铜削、铜匕、铜弩机等，作为兵器，共同享有"战争"这一语境，将其组团并分别陈列于诸葛亮"北伐曹魏"的板块之下，用阵列式的展陈方式烘托出剑拔弩张的激烈战争氛围，也展现诸葛亮多次出师北伐的金戈铁马之气魄。

　　组团的文物共同呈现了一个个事件和现象，事件与现象的有机组合又构成了各个小组与单元，展品框架便由此而搭建和充实。

（三）文本阐释

　　"'叙事展览'是指展览结构符合叙事学框架下的叙事定义的展览，或者说是由故事驱动的展览"[12]，而故事离不开文本，文本是重要的阐释手段，是与观众对话和交流的传播媒介，在展览中发挥着举足轻重的作用。策展理念、展览结构、展示内容等，都需要通过文字这一重要的载体来描述和反映。

　　"展览文本，即展览的内容脚本，类似于电影剧本，是展览形式设计的依据。展览内容文本一般包括前言、部分、单元和组的文字说明，展览的结构及其层次，展品组合的分镜头，展品说明，辅助展品创作背景说明，展览信息的分类和科学安排，重要展览内容表述方式的提示等。"[13]在本书的其他章节中，我们已经对展览主题的提炼、结构层次的安排、展品的组合、对形式设计的建议等方面进行了详细的分析与说明，因此，本小节所提到的"展览文本"主要指最终呈现给观众的展览文本，即观众在观展时所能看到的文字内容。

1.基调·体系

展览是一个有机的整体，文本作为展览内容表达和信息传达的重要载体，也需要有一个统一的基调。在这一基调下，不同层级、不同用途的文字，虽各有其风格和特征，但仍然和谐共融，不失其整体性。

"刘备与诸葛亮君臣合展"希望通过具有启发性、文学性的展览文本，在统一语言基调的基础上丰富文本层次，诠释叙事，传达史观。因此，展览以新历史主义关照历史与文化、文本与现实的独特视角[14]，将文学表达运用到历史叙述之中，融合史料与文学形成文本内容，体现历史与当代的文本对话关系，希望能够最大化地传递信息，体现新视野，启发新思考，在寻求情感认同的基础上为观众提供广阔的理解空间与思考空间。

策展团队经过撰写与编排、斟酌与修改，形成了风格鲜明、体系完备的展览文本。从结构上来说，文本由各级标题、前言、单元说明、组说明、展项说明、文物说明以及多媒体视频字幕等不同类型的文字内容构成，各类文字说明层级明确，构成完整体系，力求明确精准地传达史料信息、文物信息、文学艺术信息以及对各种信息的解读等。

在这一结构下，有的内容是相对独立的存在，如多媒体视频字幕、文物说明等，它们与其他文字之间没有明确的上下级关系，主要从一个具体的主题或对象出发来进行阐述。有的内容则是层层递进，构成一定的上下级关系，如单元标题与组标题，单元说明与组说明等，在这些内容中，同级之间需要有连贯性和统一性，不同层级之间则需要紧密的逻辑性，大的层级统领和涵盖小的层级，小的层级服从于大的层级并以其为中心而展开。以实际的展览文本为例，在第三单元"兴复汉室　鞠躬尽瘁"下，有"开府治蜀""安抚南中""北伐曹魏"等几组。其中，连贯性体现在这几组内容在时间上具有先后性，统一性则体现在它们都是诸葛亮为兴复汉室而鞠躬尽瘁的具体事迹和表现。进一步细化，在"开府治蜀"这一组之下，有"兴修水利""发展蜀锦""盐铁官营""制定法令""重修盟好"等内容，这些内容都是诸葛亮为治理国家而逐步采取的措施和制定的政策，是诸葛亮"开府治蜀"的具体体现。

　　清晰的文本结构体现逻辑性，而多样用途的文字则带来层次感，完备的体系中也需要有不同用途的文字。有的文字烘托氛围，营造意境，如"浮光掠影间麈尾轻扬，揽江山，听风雨，他们共叙经纬，他们挥剑指北，他们山水跋涉，他们长揖作别"；有的文字陈述史实，如"东汉延熹四年（161），刘备生于幽州涿郡涿县（今河北省涿州市）"；有的文字渲染感情，如"君明臣良，厚相结纳，忠信节义，一时无双，于临危之际信义相托，于险阻之中肝胆相照"；有的文字描述物状，如"该器形似玄武，造型别致，盖身以活动联轴相连，构思精巧"。不同用途的文字在恰当的位置各司其职，共同构成了整体文本的层次与节奏。

2.风格·层级

　　在完整的体系下，是有秩序、有规则的层级结构。而不同层级的文字，在撰写风格与体例上亦各有其特点和偏重。

　　从标题来看，展览主标题需要体现展览的主要内容和思想，同时又要能第一时间引发观众兴趣，在文字风格上要与展览相贴近，字数也不宜过多。"明良千古"这四字出自清代匾额，凝练大气且具有古典风韵，与历史展览的调性相契合；"刘备与诸葛亮君臣合展"则是开门见山地道出了展览的主题，通俗易懂，也希望借两位历史名人来吸引观众。单元标题是展览结构中的重要节点和支撑点，需要高度提炼本单元的展示内容和大致走向，在古代历史展中，最好还要能够营造历史氛围，展现文化底蕴。本展览的单元标题由两个四字短语组合而成，即"乱世浮沉　以待天时""君臣共济　蜀汉立国""兴复汉室　鞠躬尽瘁"，结构与字数统一，其中"以待天时"出自《三国演义》中"乐躬耕于陇亩兮，吾爱吾庐；聊寄傲于琴书兮，以待天时"，"鞠躬尽瘁"出自《后出师表》中的"臣鞠躬尽瘁，死而后已"，力求在表达内容的同时体现语言的古典感与文学性。组标题则着眼于所属单元的具体内容和事件，本展览的组标题大多由单个的四字短语组成，与单元标题形成区分，具体为"创业时艰""隆中耕读""君臣际会""武担称帝""白帝托孤""开府治蜀""安抚南中""北伐曹魏""诸葛奇思"等，希望用简明扼要的文字提示观众这一组的大致内容与亮点。

前言着重于提炼展览主题思想，烘托氛围，构建语境，奠定展览基调，因此在语言风格上恢宏大气而富有诗意，希望在观展之初便能开宗明义，同时充分调动观众情绪。如前言中的"这是一个英雄辈出，逆流而上的时代。日月旋转的宏图野望，沧海横流的英雄豪情，那么多闪烁着智慧与生命之美的个体，在星汉灿烂之下，播扬激荡昭彰的人生理想，逐鹿中原，酝酿着权力分合的秩序重构"，在描绘时代背景的同时营造氛围，希望能够激发观众的观展兴趣；又如"在这段洪波涌动的历史河流中，刘备与诸葛亮二人相逢于乱世，风云际会，托付以家国远志"，则在总结主要内容的同时，用语言烘托君臣鱼水之契。

单元说明在高度概括该单元内容的基础上，将史料记载与多种修辞手法相结合，尝试以简洁生动且富有节奏感的语言传达信息，激发观众的观展兴趣，如"自建兴元年（223）诸葛亮开府治蜀，十余年间蜀汉政权上下有节，政通人和，田畴辟，仓廪实，器械利，蓄积饶"。此外，每个单元的说明的最后一段，都是由四个四字短句构成，如"群雄割据，艰难创业。凤栖梧桐，以待天时""草庐一对，谋划三分。君臣际会，如鱼得水""白帝托孤，开济两朝。出师未捷，将星陨落"，既是对本单元内容的总结和诗意表达，又通过统一的体例，帮助观众区分层级，把握各部分的区别与联系。

组说明重点在于对历史背景和具体事件的说明，要用简洁流畅的文字交代清楚前因后果，避免篇幅过长让观众产生疲劳。例如在第二单元第二组"武担称帝"的组说明中，"建安二十五年（220）十月，曹丕受禅称帝，建立曹魏政权"是背景和起因，"益州百官上书刘备，期望他承袭汉祚，续接帝统"是经过，"在诸葛亮等人劝说之下，建安二十六年（221）四月初六，刘备在成都武担山南祭天称帝"是结果，用三句话来讲述清楚这一历史事件，不过多延伸以免重点模糊。

文物说明数量众多，因此也需要有统一的体例来作为规范。在本展览中，文物说明都遵循先描述文物的客观物理特征，再阐释其历史文化内涵的原则，具体文物的个性特征由表及里、由浅入深，有助于引发观众联想，调动阅读兴趣和知识积累，从而进行学习记忆。文物说明文字需要直观准确，简洁明晰，易读易懂，用词力求科学严谨，例如讲经画像砖的文字说明中"图中室内七人，皆戴冠着宽袖深衣，左一人凭几而坐，似师长，其余六人环坐，各执简牍"，用精准简明的语言描述画面，帮助观众将文本与文物相对应而观看，同时"似"字也体现用词的严谨。

清晰的层级下层层递进、环环相扣的文本内容，与鲜明的语言风格下各有特点、各有偏重的文字表达，如同建筑的梁与柱、砖与瓦、浮雕与彩绘，立体而多面地共同构建了展览文本的形态、特征与美感。

二、沉浸的场域——形式设计的艺术

如何理解观众的需求？

我们对世界的感知取决于我们不同的视觉、听觉、触觉、味觉、嗅觉感官系统对信息的整合处理。[15] 展览是一个综合信息体，从设计的角度说，应先明确空间知觉需求，才能在符合人体工学的条件下开展创作并对展览风格做出整体把控。在此之前，需要先明确成都武侯祠博物馆的博物馆分类与定位。

在我国，博物馆被分为综合性、纪念性和专门性三类[16]，其中纪念性博物馆又与祠庙、宫殿、园林等古代建筑存在着不可分割的联系。因此，此类博物馆在社会功能定位、运营发展路径与建设管理模式等方面存在一些困惑。具体到展览来说，其中之一便是展厅的限制。由于大多数纪念性博物馆的建筑属于文物保护单位，所以在新建或大规模改建等多方面存在诸多掣肘。此次"刘备与诸葛亮君臣合展"的展厅由原听鹂馆优化而来，内部构造单一、空间复杂、层高受限，导致其空间设计较一般展厅更加困难。其次，成都武侯祠博物馆观众群体构成丰富，个体差异大，在空间认知上存在差异，不同目的、不同知识背景的观众群体混合在同一个展厅中，对展览的空间动线、版面标识、文物布置的要求各有不同。

一是对高效认知的需求。博物馆展览无论体量、形式如何变换，都是以内容为根本，所以为观众创造有利于高效认知的展陈形式是策展团队提出的首要需求。成都武侯祠博物馆是国家一级博物馆、第一批全国重点文物保护单位，同时也是首批国家级旅游度假区、"成渝十大文旅新地标"之一。根据往年展览的观众意见调查表，我们发现观众的构成除了有一定学术背景的专业观众，还有一大部分是以旅游休闲为目的的观光游客。这部分观众往往时间紧张、行程密集，如果缺乏对参观体验的深入思考，容易造成观众观展效率低、观展体验不佳，不利于展览社会效益的提升。因此，成都武侯祠博物馆亟待进行全面梳理，精心规划专业高质的文物展陈，以满足观众心理诉求，阐释三国文化在现代社会中的新认知。

二是复合功能的需求。近年来，博物馆一直存在"流量焦虑""话语权焦虑"，其根本缘由之一是"博物馆本位"的自身定位认知局限。[17] 如何从"古旧说教"的刻板印象中寻求转型？如何适应当今飞速发展的互联网社会？如何通过展览与成都武侯祠博物馆的观众建立沟通桥梁？策展团队依据跨学科视野提出了"刘备与诸葛亮君臣合展"的复合功能需求，既要有知识输出、游憩休息的静态功能，又要有互动交流、文化消费的动态功能。

此外，"刘备与诸葛亮君臣合展"作为基本陈列，展览地点固定、展览时间长，在设计前期需要考虑到展览长期的运行维护的问题，不仅在材料的选择上要使用低碳环保材料，还要充分考虑互联网系统、管理人员的配置问题，减少资源浪费，提高管理效率，组成一个完善的管理网络并实现可持续维护。

（一）物与空间共舞

成都武侯祠博物馆享有"三国圣地"的美誉，肇始于公元 223 年，至今已有 1800 年历史，"刘备与诸葛亮君臣合展"作为基本陈列之一，如何延续历史？如何契合观众的期待？如何将耳熟能详的故事讲出新意，激发新的生命力？这些问题都是策展团队探索的出发点。

博物馆展馆是各种复杂信息汇集的场所。只有凝练主题才能使人更加聚焦重点，只有赋予剧情才能使主题更深入人心。这需要从策划之初，就把平面设计、多媒体展项设计等都纳入空间构成综合考虑、高度整合。一句话、一个展板、一个互动项目，不再只是方寸间的内容，而是将边界消隐，使其和墙、柱、幕一起构筑整个空间。空间也不只是信息的容器，材料、造型、光线都在用自己的语言诉说着信息背后的情绪，也变成信息的一部分。不断地破界与凝练，最终将展览建造成为一个空间与信息的混合体。

　　在展览策划的初期，我们即考虑将"文化交互"与"公共艺术设计"的概念系统性引入陈列展览这一领域中，形成具有跨学科视野的创作实例，以期为现今的展陈艺术创作体系带来新的思考与灵感。在此理念下，策展团队将文化视域的多维拓展运用到历史类展览的叙事中，同时运用多重艺术手法丰富观展体验，希望能在深化拓展主题内容的同时启发思想，引发情感共鸣，塑造当代记忆。在经过多轮研讨后，我们确定了"承三国之魂，展蜀汉之风，守明良之心"的展览设计核心理念，将蜀汉历史作为横切面，剖析三国文化当代价值，以见人见物见精神的求索态度，灵活运用成都武侯祠博物馆"三国圣地"品牌综合效益，融合祠庙建筑与历史园林，运用充满张力的展线去表达展厅内外的对比及平衡，展现三国文化的无限可能。

1.园游·遍经

　　空间形态是物体与观察者以及建筑与建筑之间在空间或形态上的相互联系。此次项目的空间设计理念很大程度上受到"园中舍、舍睹景"这一极具特色的中国传统宅院建筑特征的启发，通过抽象的方法描绘三国文化氛围。

　　（1）园游

　　此次展览是以刘备、诸葛亮为展示主题的君臣合展，这样的双人合展题材在全国来说数量不多，针对他们二人的专题陈列更是国内首创。既然没有先例可循，便要一切从头开始。在策展团队接到这样一个基本陈列任务时，便开始思考两位主角的占比问题。一般来说，以双人为对象的展览需要均衡两者比例，刘备是汉昭烈帝，诸葛亮是蜀汉丞相，二人在历史上留下的资料并不算少，但是从诸葛亮 27 岁出山开始辅佐刘备，到刘备 63 岁永安宫病逝，两人有交集、共合作的时间也不过 16 年，如何在这短短 16 年的叙事空间内将二人的风云际会、家国远志展示全面？如何以正确的逻辑立足点、情绪趋向、价值观导向引导观众理解展览？这一切的问题在团队对展览场地进行实地勘察、深入思考后找到了最优解。展厅为回廊式结构，中庭为川式园林，这样的空间自然形成朴拙静谧的氛围。对于这样非常规的展厅场地，策展团队打破遗址类博物馆的固有思维束缚，从尊重场域精神的角度出发，没有进行常规的空间填补，将其改造为一个规则的展厅，而是保留了原始布局，对包括屋顶、部分隔墙、园林在内的几个部分进行优化提升，将展厅以中线为轴一分为二，达到视觉上的平衡。新旧格局的碰撞、不同材料的气质冲突、展厅与园林空间带来的感官颠覆……展厅以空间的有序承载时间的乱序，以轴线的无限延展去塑造浑厚的空间体量，以具有冲击力的视觉初体验去反衬内收的展览主题属性。置身于此，既熟悉又疏离，使人顿感时空穿越，梦回那个英雄辈出、逆流而上的时代。

　　策展团队将整个空间视为无数个平行场景的影像集合，在曲折的叙事进程中解构，在丰富的装置语境中探索。展厅空间设计灵感来源于中国古典园林中"回环相扣、曲折变幻"的造园手法，展厅空间与展览内容渐次展开，连续不断，周而复始，有一气呵成之妙。展览路径的迂回曲折，更可以增加展线的长度，延展空间感（图3-16）。空间的造型与氛围紧跟展览两位主角的人生经历而变化，从自幼发愿，到青年时期的艰苦奋斗，最终蜕变成为忧国忧民的君臣典范，演绎着"国之大者"的重生之旅。抑扬顿挫的展陈手法赋予整个展览灵动的节奏感，干脆利落的几何空间让观众的动线极具秩序，也层叠出多元的知觉趣味。以重塑展览的空间形态定义去表达对历史的敬畏和自我反思，并不意味着将所有展览内容都具象于空间表达，更多的是提供一种可能，即通过文物展示、场景塑造、多媒体传播的结合，给观者带来心境上的

图3-16 转弯借景展厅效果示意

变化，是一种自由、动态、不受拘束的可能，通过空间和人的交互去调节对环形空间的枯燥感受。

　　在策展过程中，我们始终在思考建筑与展厅、室外与室内之间的二元关系。"刘备与诸葛亮君臣合展"展厅除了室内空间，中庭的室外空间也是整个展览的亮点，展览与园林相结合，一步一境，四时风光皆有不同。中国传统园林营建与文人绘画向来不可分割，而造园与绘画都蕴藏着宏大的宇宙观，在理论上有相辅相成之处。"目之所及，则所见不同"概括了古人在描绘世界时的追求，这句话也启发了策展团队对中庭园林的营造方向。"刘备与诸葛亮君臣合展"中庭园林用极具东方气质的谦逊收敛的营造手法，回应着园林艺术何以与仿古建筑相得益彰。留白是最直白有效的一种去繁留简的东方美学技巧，我们将一轮浅池置于中心，任世间喧嚣，我自涧水作潭，照影成双。搭配错落有致的苍松幽兰，随形成韵，与毛糙而沉重的混凝土立面一同诠释"注入温情的粗野美学"。

未经修饰的石灰基灰泥墙面更进一步完善这种"本真"的形态，通过水面的反射，产生虚实相交的影像，在扩大视觉深度的同时也延伸了想象空间，这是一种借景手段，也是对"拙雅相匹"策展理念的外化呼应。"临流石岸，敧奇而水痕"，此次营建还在水池周围加入了黄石，丰富水岸景观，并将其凿刻成轮廓深浅不一的形状，模拟山石因水浪激荡而形成的朽蚀痕迹。山石的褶皱与水波的悠扬互相融合，产生了现实与虚幻交叠的印象。静观池面，澄明与暗涌之境，分别象征着现世的宁静与往昔的澎湃，承载着对历史的回望，寄托着对自然的敬畏，如同一座灵动的雕塑，承载一汪如水的温情，是展览与自然的对话。

（2）遍经

除此之外，策展团队在展厅设计中还运用了多维节奏设计策略。"刘备与诸葛亮君臣合展"的展陈创意内核在于结合史学的严谨与美学的创意，将异形空间的多变性演绎出彩。根据人对于信息感受与接收的认知特点，我们按照参观的动线对展览的展项进行了整体节奏的控制。从功能到美学的延展，从场景到影像的定格，从共鸣到精神的升华，最终呈现在人们眼前的，是展览艺术化的过程。一幕幕场景的转换，伴随空间层次的递进，连贯诠释三国历史的丰富叙事。

展厅门头的艺术化构造，形成了一个界限相对明确的入口处。这是为展览原创设计并定制的标志性艺术装置，以一种线性规则排列的形态，描摹出令人印象深刻的美学场景，塑造出场域的专属记忆符号（图3-17）。

序厅的设计则充分考虑了空间的纵深优势，利用走廊尽头两尊主题人物塑像将视觉中心定格在中央。刘备、诸葛亮并肩而立，神态隽永，风采卓越，与身后的《出师表》立体字帘相衬，倏然将观众拉回到了那个二人携手同建家国的峥嵘年代。同时，这个场景也作为帮助观众从以古建园林游览为主的原状陈列空间进入到以历史文物展示为主的基本陈列展厅的情绪转换器，起到了很好的过渡缓冲作用。除此之外，"档案"是这一空间的另一个主要功能，两位展览对象的生平信息被凝练成墙上的寥寥数字，用简明扼要的语言传达给了参观者（图3-18）。

图3-17 展厅门头效果示意（上）

图3-18 序厅效果示意（下）

　　从序厅正式进入展厅，观众看到通透的玻璃展柜、纯色的烤漆铝板等元素被包裹在一片充满庄重感的炭灰色调中，散布的缩小场景、多媒体屏、弧形墙体以及通往未知的通道，反映了展览结合自身理念和对观展体验方式的创新，打造了一个在已知中探索未知的观展氛围。当展墙在功能之外被赋予了装置的意义，则成为学术与艺术的分界点，是实现由"识"向"美"过渡的存在。我们将多媒体屏幕、展板、按比例缩小的艺术场景组团成一个整体进行展示，在材质肌理、动画光效的互相映照下，制造了一种别致的艺术基调。无论是铝塑板、PVC 板材拼接的展板、与陶制斑竹结合的背景墙，还是石膏与玻璃钢搭配的具象艺术装置，都恰到好处地构建出一个叙述场域，温雅的格调中透露出两位主人公在成长、相识过程中的奋发精神。

　　在信息高密度区域后，策展团队对展览节奏进行了调整，加入了一段低密度区域用来舒缓观展情绪。位于展厅中轴线上的"武担称帝"展区，南面置落地窗，大量引入自然光，使观众在前后暗场区域之间得到情绪上的调剂。室外的光影渗透进展厅，也让观者仿佛跨越了某个界限，融合在一个整体的氛围中。如此，便为观者留下了极大的想象空间。在展项设计上，这一场景将背景设置为成都武担山南麓，宽平的土地正中，有四方土坛一座，上有台阶数层，坛场四周，精兵护卫，气象肃穆。以阵列的微缩人物雕塑和多媒体视频相结合，表现刘备称帝登基时的壮观场面，试图在情景交融中展现宏大历史叙事的艺术性表达与创新性呈现。

　　不同形式的联动，是此次展览贯穿始终的设计手法。例如在第三单元第三章节，我们以展柜为塑造对象去丰富展览氛围。展柜的存在使展品不再是日常生活中亲密接触的对象，使其与观者之间的关系变为一种带着距离的凝视。但策展团队以视觉体验为引导，让展柜也起到辅助展览叙事的作用，如选用"箭镞"这一极具辨识度和话题度的展品作为矩阵装置的元素，利用简约的玻璃展柜与利落的金属装置的契合，勾勒出第三单元"庄重恢宏"的调性，艺术与学术的界限在此再次被打破，色彩、材质都以不同的巧思呼应与过渡，逐步加深情绪体验，构建出立面上的三维节奏，实现了叙事功能与审美情趣的叠加。这样的展柜、展墙外观，既打破了单调的

图3-19 "北伐曹魏"展项效果示意

观感，又不喧宾夺主，自然融入整个展览体系中（图3-19）。

尾厅"星落五丈原"是一个相对独立的空间，主要讲述的内容是诸葛亮积劳成疾，病逝于五丈原。策展团队并没有选择常规的文字、实物展出，而是将其打造成一个沉浸式展项，整面LED屏配以浑厚深沉的音乐、冷调光纤星空顶，没有刻意渲染悲情，但萧瑟氛围呼之欲出。作为尾厅，在展览结束之际，以留白手法与展馆序厅相呼应，留出更多的思考空间与可能性。走出尾厅又将回归到序厅，亦为整个展览的起点，重新面对两尊主题人物雕塑，不禁让人对刘备与诸葛亮之间深厚的君臣情谊有了更深的感悟。

2.幻境·逸景

在中国传统绘画中，画家对所看到的景物使用取舍、增减、位移等手法，以追求理想画境。[18]"如画"思想对屋宇建筑、园林山池等意境氛围的营造有着重要的指导作用。[19] 在"刘备与诸葛亮君臣合展"中，通过设计展墙、观众、意象景域三者之间的位置关系进行构景，将那些原本只能在历史中呈现的风华带进现实，以更现代的方式娓娓道来。

（1）幻境

幻境（phantasmagoria）是中国艺术中通联虚实之审美境界的意象表达。宗白华认为："借幻境以表现最深的真境，由幻以入真……是艺术的'象征力'所能启示的真实。"[20] 在本次展览中，以媒介融合技术构建虚拟幻境，链接"历史性意识"（historical consciousness），在幻象中洞见真实，赋予观展体验更多可能性。例如门头与序厅等多处结合苏东坡诗句"大江东去，浪淘尽，千古风流人物"，使用水波纹与英雄人物相结合的视觉设计表达，辅以背景音乐，结合视觉、听觉营造历史咏叹氛围，通过整体编排与演绎，带领观众走进三国世界。门头空间中大胆使用红、金、深灰三色搭配，通过色彩助力情感表达，使观众因物而生情，由情而入境，构建出情景交融的艺术"幻境"。赤壁之战场景则采用了全景多媒体与动态实景相结合的表现方式，让连天的火光、破损的战船、"染血"的箭矢、交织的呼吼"真实"地呈现在观众面前，再次让观众沉浸于"幻境"当中。这样的做法让历史连接当下，塑造观众与三国历史的精神联结和情感共鸣，以承袭与创新的融合，完成了一场跨越古今的对话。

（2）逸景

中国艺术中的"逸"，经历了从人之逸到画之逸[21]，再到境之逸的观念演进，代表着艺术创作群体对审美理想的孜孜追寻。当代展陈创设中的"逸境"营造也是对于传统艺术观念的追慕与重塑。此次展览在巧思构建之下"复刻古典"，分别用不同材质、不同制作手法对"山"这一具有高古情境的对象进行三种不同的写意式呈现：以不规则铁质薄片串联，辅以镜像的形式，层叠出悠远的景深；在玻璃钢材质的小比例立体山形上进行分层手工喷漆，使之更具立体感；在常规的沙盘模型上，放入塑胶材质的树木，撒上由牧草制成的新鲜草粉进行拟真装饰。配合场景营造有效地进行了多形制展示，悉力构建"逸景"（图3-20）。

为增强展览空间的叙事性、观赏性与互动性，营造特定历史氛围，展览结合文物与文本，在展厅中多处复原历史场景。通过背景的布置、人物的互动与装置物的

图3-20 "少年诸葛亮"展项效果示意

陈设，多维度地传递历史信息，希望能使观众身临其境，在展厅中获得丰富且多层次的观展体验。如第三单元的"北伐曹魏"板块，灵活运用《出师表》这一文化元素，结合新技术进行提取与转译，版面上呈现着历代文人志士对《出师表》的评价，旁边的多媒体视频以声情并茂的《出师表》诵读作为配音，希望通过多个维度的展示令观众更深切地感受诸葛亮鞠躬尽瘁、死而后已的高风亮节。

（二）光影与巧思之诗

博物馆建设越来越多地注重多元复合化的综合体验，人们对博物馆空间的要求也不断升级，博物馆不仅是传递知识信息、文化艺术价值的渠道，还是让观众获得多感知体验与具身认知[22]的平台。通过博物馆对展陈方式的多向拓展，"数字艺术""情景再现""叙事蒙太奇"等表现手法与技术理念也进入到博物馆陈列设计当中，展览从"唯展品论"发展为集文本、展品、场景、灯光等要素于一身的综合性工程。

光在空间中的作用也不容忽视，光可以营造独特的环境氛围，通过光与影的对比变化丰富空间表现力，同时还可以凸显出展品的真实肌理与立体特性，塑造器物的形式美。博物馆中的照明不同于居住或商业空间，需要以服务展品为准则，以调节参观体验为最终目的。展览有很多种对于光的艺术运用，包括精巧细腻的展品灯光、大气磅礴的氛围灯光，还有潇洒如诗的自然借光。策展团队巧妙布局这一"光的剧场"，打造适合展厅氛围的光环境，引导观展动线，塑造具有戏剧性的历史空间。

1.借景·光影

明代计成在《园冶》中论述："园虽别内外，得景则无拘远近……"[23]由于展厅的物理结构，中庭园林始终伴随着观展进程，既是景观，也是动线节点。人们很难将室内展览与景观庭院泾渭分明地区隔，这种边界的模糊性为建筑增添了朦胧的诗意，对割裂感的消解使自然与建筑之间达成了一种非人为的连续性。围绕这一核心特质，注入以"君臣相知"主题为核心体验内容的叙事线，塑造了一个大胆探索且富有节奏感的展览空间。

（1）借景

"刘备与诸葛亮君臣合展"在展陈空间创设之初即参考造园理法，在"虽由人作，宛自天开"的历史园林中"构造景致"，把展陈空间以外的园林景物艺术性地纳入观展视野，在展厅中制造了很多窗景。策展团队根据现场布局，分别在第一单元"煮酒论英雄"板块、第二单元"归葬惠陵"板块、第三单元"遗爱南中"板块引入长方形、圆形花窗，并用现代工艺语言对其进行量身设计。使用金属型材加玻璃的形式覆盖窗洞，上附磨砂质地胶印文字，替代传统的由纹饰组成的窗芯，制造"文景相融"的景深语言，这样做不仅使整个空间更加通透，也使透过花窗之所见更加朦胧，增加了观众观展的兴致。将真实祠庙园林景观引入展陈视野，并以多媒体与实景相结合，打破传统博物馆以可移动文物为中心的叙事方式，活化博物馆

图3-21　窗含惠陵实景

互动空间，为观众提供园展交互的观展体验（图3-21）。观景后再观展览，在光影流动之间，乘一室清风，感受沉静深邃的雅致气息，心境已有所不同。

（2）光影

光在博物馆中不只有照明功能，优秀的灯光设计也可以作为空间叙事的"前锋"，调动观者的情绪起伏，不同的照度、不同的光线、不同的色调，都可以赋予展览更灵动的生命力。展厅中纵深曲折的格局，文本上跌宕起伏的设置，共同塑造了"刘备与诸葛亮君臣合展"宏图豪情之境，灯光设计在整体大格局之上，于板块间斟酌，最终成就了浮光掠影的时空意境（图3-22）。以光为引，透过纯色介质包覆整个空间。统一的底色与光影相映相融，呈现或静谧或涌动的氛围，仿若在时间胶囊中穿行。展厅中的半实景场景是为数不多的具象修饰，通过实景和流光去讲述其中的故事，引人入胜的同时也点缀了空间光影节奏。策展团队在策展之初便考虑到展厅回廊式的构造，在展览重点章节使用自然采光与人工照明相结合的方式：一边巧用大面积的留白，留给自然光造景，透过不同的落地窗、漏窗，在每天的不同时刻，迎接不同的光线；一边使用均匀照明灯光打亮陈列展品，光影缓慢交替过渡，赋予观者一种旷静无垠的感受。

2.巧思·意趣

如果说历史是不断延伸的轨迹，那么艺术就是其中一个个启发共情的节点。"明良千古"展用雅致的东方风尚固国士之铿锵，探蜀人之深趣，种种不拘形式束缚的巧思创造，反映了古人妙趣天成的美学理念。

（1）巧思

中国古人一直有"器物情结"，常常以物明志，以物表情，无论庭院花圃、草木池鱼，或是衣饰兵刃、文房珍玩，都能借以表达更高层次的精神境界，这一点在三国时期也不例外。《太平御览》载："诸葛武侯与宣王在渭滨将战，武侯乘素舆，

图3-22　展厅多种光线运用

葛巾，白羽扇，指挥三军。"此处以对衣饰的描写来体现诸葛亮态度的潇洒从容。《三国志·蜀书·诸葛亮传》载："孤之有孔明，犹鱼之有水也。"这句话是刘备对二人关系的比喻和总结，"如鱼得水"便指代有所依凭、十分契合的知己关系。策展团队将"器物情结"引入展览中，在第一单元的"隆中耕读"板块，设计了陶制斑竹装置散布于多媒体屏幕、展柜后方，"竹"本为高洁、秉直的象征，此处也暗喻少年诸葛亮的高贵品质。在第二单元的"白帝托孤"场景中，诸葛亮跪地，手扶着病危的刘备，榻边的一盏仿青铜树形连枝灯十分应景，灯盏中那幽微、衰弱的火苗象征着刘备的身体情况（图3-23）。在第三单元的"北伐曹魏"板块，策展团队以汉代青铜箭镞为原型制作了大量仿真箭镞，再分区、分型进行并列展示，以"阵列的武器"指代交战的士兵，不仅丰富了展览空间，也为观众制造了一种"强兵过未休"的紧张感。此次辅助展品设计将艺术装置、器物装饰等不同手法创意组合，增添了故事性线索，迁想妙得，形成展品、展具的呼应，协助观众在抽象层次深入感知。寄托了先人精神意趣的器物被安排在空间有限的展厅中，不仅装点了展览面貌，更为观众构筑了一个宽广天地，滋养审美，最终实现展陈空间与展品的深层次沁入与融合。

（2）意趣

展具美学以预防性保护为首要要求。由于四川地区特殊的地质构造，近年来地震等自然灾害时有发生，文物的安全是此次展览工作的重中之重。汉晋时期历史久远，留存下来的实物以石质、陶质为主，石质器物一般体量较大，陶质器物则材质脆弱，为文物安保工作增加了不小的难度。此外，博物馆更关注的是客观展示文物本身，让其自身讲故事，因此，在满足文保需求的条件下，需要尽量隐藏展具。策展团队依据文物特性，为每种类型的展品量身定制了适合其物质特性的辅助展具。在展具设计中，不使用螺丝等侵入式固定结构，尽量采用一体焊接、活页卡扣等，减少与文物不必要的接触。以"轻量感"为设计准则，颜色以黑、炭灰、透明色为主，融合展墙颜色，减轻了整体的厚重感。

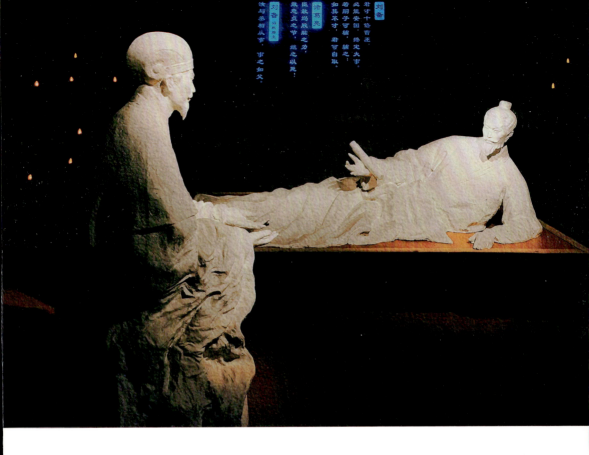

图3-23 "白帝托孤" 场景

图3-24 弩机支架的使用

对于支架的摆放位置也精心设计了一番，将其很好地隐藏在展示面背后或底部，不妨碍展品的展示（图3-24）。整个展览采用了不锈钢、亚克力、复合铝、原木、丝绢、肌理布等多种辅助展具材料，最终呈现的效果简约又不失精致。同时，对每个展品的看面进行了精细的分析，将最契合展览内容的展示面面向观众，针对个别小体积展品，启用特制三棱放大镜，扩大看面，同时也放大细节。另外，展品说明牌是观众解读展品、获取信息的首要工具，采用统一简洁的设计风格、制作材料，便于引导观众对展品本身进行深入观察。这样做尊重了历史本来样貌，也向观众展示了策展团队在文物展示方面的潜心巧思。

三、传播的共置——跨学科理论的运用

如何在讲好故事的基础上更好地进行传播？

被誉为"现代阐释之父"的弗里曼·提尔顿将博物馆等类似机构中的"阐释"定义为："一种通过使用原生事物、亲身经历和说明媒体来揭示意义和关系的教育活动，而不是简单地传播事实信息。"[24] 在展览的策划中，不仅要关注信息的传播，还需要考虑观众的接受度及其对传播的多维度需求，在讲好故事的基础上达到更好的传播效果。

展览引入跨学科的视角来进行阐释，除历史学、考古学、人类学、社会学外，还涉及传播学、心理学等学科，从多维度切入，提取符号、组合信息、重建叙事、创新表达，希望通过多元的呈现为展览的展示、体验、启发、互动等方面赋能，让观众真正参与到展览中并有所领悟与思考，能够汲取历史名人身上的经验与智慧，产生情感的共鸣与价值的认同。

（一）文化转译

文化转译（cultural translation）本指不同语言与文字之间的翻译转换，随着跨学科视野的不断拓展，文化转译的概念逐渐跨越语言与文本的限制，向更为广阔的领域拓展，例如视觉语言与视觉文化。[25] 展陈艺术中对文化转译概念的运用，不仅是对展览文本的阅读转译，也是对展览设计的审美转译，两者的交汇融合，可使观展语境更加多元开放，正向推动展览的传播与延伸，对于中华优秀传统文化的推广展示亦有重要的意义。

自公元 220 年曹丕称帝建立魏国而拉开三国序幕，至公元 280 年西晋灭吴而三家归晋，三国时期距今已有一千多年，历经数不清的日月更迭与历史变迁。"时代变迁造成文化的异构性。在文化的传播中，为了达到最有效的传达和推广，需要对文化进行理解性的翻译，将异质或异构的文化符号翻译成文化主体能够接受的文化信息，也就是文化的转译过程。"〔26〕当代展览的传播受众是当代观众，因此展览需要充分考虑观众的阅读习惯、认知偏好与审美需求等方面，用恰当的表达方式，将历史的语言转译成为展览的语言，帮助观众理解内容、构建记忆、获得启发，提升传播效果。在这个过程中，不能只局限于文本内容的简单转译，还需要引入当代视角来对其中深厚的文化底蕴与独特的时代特征进行观照，结合多样化的形式设计与表现手法，帮助观众在潜移默化中体悟这些展示内容所承载的深邃隽永的历史内涵与文化意蕴。

"刘备与诸葛亮君臣合展"通过对三国史料的整理、考古资料的解析、研究成果的转化，以当代的美学视角，将三者渗透、衔接，促进历史、演义、艺术之间的联系。展览以历史学、考古学与社会学相结合的视角，提取刘备与诸葛亮人生轨迹中具有代表性和典型性的文化元素与符号，并对其进行解构、转译与再创造，通过多元的表现手法使其深度融入展览的内容与形式，以充分展现三国文化的独特魅力与主人公崇高的精神品格。

以《出师表》这一文化元素为例，展览结合新手段、新材料和新技术将该元素进行提取与转译，并通过整体编排与演绎形成多元展项。在序厅主题雕塑的背后，用金属立体字串联成竖排版的《出师表》艺术装置，既开门见山地展现刘备与诸葛亮二人匡扶天下的共同政治理想，又能够结合光影营造氛围，当阳光透过玻璃窗将立体字的影子映照在四周，便营造出了一个极具视觉冲击力的"《出师表》意境空间"（图 3-25）。在"北伐曹魏"这一组内容中，版面上呈现着历代文人志士对《出师表》的评价，如刘勰《文心雕龙》中的"孔明之辞后主，志尽文畅"，陆游《书愤》中的"出师一表真名世，千载谁堪伯仲间"，

贞良死节之臣，愿陛下亲之信之，则汉室之隆，可计日而待也。臣本布衣，躬耕于南阳，苟全性命于乱世，不求闻达于诸侯。先帝不以臣卑鄙，猥自枉屈，三顾臣于草庐之中，咨臣以当世之事，由是感激，遂许先帝以驱驰。后值倾覆，受任于败军之际，奉命于危难之间，尔来二十有一年矣。先帝知臣谨慎，故临崩寄臣以大事也。受命以来，夙夜忧叹，恐托付不效，以伤先帝之明，故五月渡泸，深入不毛。今南方已定，兵甲已足，当奖率三军，北定中原，庶竭驽钝，攘除奸凶，兴复汉室，还于旧都。此臣所以报先帝而忠陛下之职分也。至于斟酌损益，进尽忠言，则攸之、祎、允之任也。愿陛下托臣以讨贼兴复之效，不效，则治臣之罪，以告先帝之灵。若无兴复之言，则责攸之、祎、允等之慢，以彰其咎；陛下亦宜自谋，以咨诹善道，察纳雅言，深追先帝遗诏，臣不胜受恩感激。今当远离，临表涕零，不知所言。

图3-25 《出师表》立体字展项

图3-26　展厅入口

文天祥《正气歌》中的"或为出师表，鬼神泣壮烈"等，希望用这些大家耳熟能详的评价，唤起观众记忆并引发共鸣；版面旁边的多媒体视频以声情并茂的《出师表》诵读作为配音，画面上展示着诸葛亮几次出师的路线，视觉与听觉相结合，从多个感官维度令观众更深切地感受诸葛亮鞠躬尽瘁、死而后已的忘我精神。

　　展览结合三国文化的特点，试图提炼出具有象征意义的文化符号，并结合形式设计将其融入整个展陈空间中，将没有实体的历史氛围转译为可看可感的现实景观。"大江东去，浪淘尽，千古风流人物"，是古今传诵的苏东坡感怀三国之诗句，"滚滚长江东逝水，浪花淘尽英雄"，则是《三国演义》的开篇词，展览以此为灵感，提取浪花与水波作为文化符号，并通过形式设计在展厅中形成完整的视觉表现，烘托历史咏叹基调。如在展厅入口，以红色为底，用金色的泛着浪花的浅浮雕水波纹来衬托"明良千古"四个大字，既是具有观赏性的装饰，也有助于营造意境；序厅刘备、诸葛亮二人的主雕塑身后的主题墙上，亦刻有水波与浪花，既与门头相呼应，也能够烘托"鱼水三顾合，风云四海生"的诗意氛围，带领观众走进风云激荡的三国世界与刘备、诸葛亮波澜壮阔的人生（图3-26）。

　　历史文献浩如烟海，其中文言文用语的严肃晦涩，也制造了一定的阅读门槛，要帮助观众理解历史，同时获取系统的信息并建立相应的认知，仅仅将史书翻译成现代汉语来展示是远远不够的。因此，展览以史料为基础，根据各类特定的主题整理出相关记载信息，再按照一定的逻辑与规律将其归纳与重组，并和其他元素相融合，转译形成具有较高视觉识别性和可读性的内容，力求直白明确，贴近日常生活，使原本需要在卷帙浩繁的史书中反复研读方能获取的信息，在展览中得到直观的呈现与阐释。例如在序厅中，参考现代简历的形式制作刘备与诸葛亮的身份档案表，其中包括姓名、籍贯、家族、品格、工作经历等内容，希望在帮助观众了解刘备与诸葛亮二人生平的同时，也能拉近与他们的距离，增加亲切感。在"刘备辗转创业"的展项中，将刘备早年的经历与地图相结合，制作成"刘备辗转地图"多媒体，动态显示出刘备所到过的地点和时间，以及相应地点发生的重要事件，点、线、面相结合，全方位立体地展示刘备称帝前的人生轨迹。在"北伐曹魏"的展项中，将诸葛亮五次北伐交战的记载进行梳理，提取出时间、事件、结果、参战将帅等信息，结合手绘战马元素形成简明的图表，虽有丰富的信息量，却也能一目了然，达成叙事性视觉表达和历史性信息传递的统一。

（二）感知重塑

　　正如芬兰建筑大师尤哈尼·帕拉斯玛所说："优秀的博物馆和展览，同样关注观众的情绪与情感，而不仅仅关注智性。一次难忘的博物馆参观体验，是综合调动观众的身体动作、感官体验、联想、回忆、想象的探索与发现之旅，远远超越了展览中精准传达的知识与信息。展览通过具身化的感知变成了一种个人体验，而不再仅仅提供智性信息或视觉刺激。由于这种个人体验具有存在性、多感知性与具身性，展品将成为我们的一部分，直到永远。"〔27〕本次展览在创设之初，就希望成果不仅是书面知识的堆砌和文物展品的摆放，而且是通过多维的展示和立体的传播，输出对历史的当代解读与阐释，来创造富有层次的体验，塑造感知，重启观众对"三国"的记忆，让观众能真正参与到展览中，汲取三国历史人物身上的智慧与品格，获得滋养自身的精神力量。

杰米·沃德认为，在博物馆展览中，可以通过情景、语言、感官的综合性信息输入，触发观众记忆，从而构建心理意象，完成对记忆感知的多维重塑。〔28〕在展览中，在具体展示内容的基础上，情景的创造，语言文字的表达，视觉、听觉等感官的刺激，都需要进行总体考量与结合，来达到一个完整的呈现。"一些研究证实多感知事件编码只有当该事件的特征能够被有意义地结合在一起时才能导致记忆表现更佳（因为它们对同一个物体做出回应），而当多感知特征被错误地配对或者任意配对的时候，记忆表现则不会提升。有意义地结合被认为是一种'深层次的处理'，其遵循另一个基本的心理规律，即更深层次的编码记忆通常更容易被记住。"〔29〕如何将展览中不同的感知对象进行有意义的结合，来营造"在场感"，促进观众记忆，增强感知，是策展团队需要予以重视的问题。

在此次展览中，"东汉末年群雄割据"是一个大众共有的认知，但东汉末年是怎样的乱世，具体有哪些群雄，他们如何进行割据，则未必是所有人都了如指掌的，而展览要做的便是通过展示来补充观众对于这些内容的感知。在"东汉末年形势"的展示板块中，除文物外，我们还设置了四个展示项目：一是文字综述，通过简要的概述让观众对东汉末年的形势有一个大致了解；二是多媒体视频，将视觉与听觉相结合，以水墨与沙画的动画来演绎，渲染氛围，铺垫时代背景；三是群雄简介图表，群雄的头像与名牌、简介相结合，一目了然，唤起观众对三国英雄人物的记忆；四是地图模型的沙盘，在地图上用名牌标注出不同区域为谁所割据，直观地表现当时的分裂格局。此外，"赤壁之战"是深入人心的以少胜多的战役，然而对战双方的具体兵力、主要将领、进军路线以及作战工具，亦非所有观众都烂熟于心。展览希望通过多维度的展示来帮助观众对其进行更深刻的感知：一是文字简介，讲清楚赤壁之战的起因、经过、结果和影响；二是对战图表，形象地展现交战路线、对战双方的兵力与将领；三是多媒体与场景相结合的一个情境构建，使用碳素结构钢、胡桃木、聚乙烯、滴胶等多种材料来制作场景，同时辅以原创背景音乐、专业舞台 LED 投射灯，通过声光电多媒体配合，以及极具真实感的战船破裂的动态展示，生动呈现赤壁之战火攻的场景，烘托惊心动魄的战场氛围；四是东吴战船的模型展品，通过实物，为观众遥想这场一千多年前的战役提供更为切实的依据。

值得一提的是，三国历史起伏跌宕、影响深远，三国文化历久弥新、隽永悠长，具有深厚的公众认知基础。然而时代犹如溪流，几经冲刷，碎片化的信息摄入割裂了公众的历史认知，因此展览希望能够通过多维度展示来重塑感知，展现更加真实而立体的三国。

刘备仁厚的形象深入人心，鲁迅先生更是评价《三国演义》"欲显刘备之长厚而似伪"，然而在仁厚之外，他也有自己独特的个性。我们希望通过事件的串联，来展示他与刻板印象中不同的一面。在"怒鞭督邮"展项中，展览以人物线描和文字阐释相结合的形式展示这一主题，史书中"怒鞭督邮"乃刘备所为，《三国演义》等文学作品为照顾刘备"仁义爱民"的宽厚形象，就把此事张冠李戴到"嫉恶如仇"的张飞身上。展览在讲故事的同时，也向观众阐明史料与小说的不同，展现了刘备年轻气盛的一面；在"孝直避箭"展项中，以平面的文字说明和三维的灯箱层景相结合，讲述刘备在与曹军的一次作战中形势不利，本应及时撤退，但刘备却大怒不肯撤军，最终被法正巧妙劝回的故事，图文并茂地展现刘备固执的一面以及其对法正的信任与关心，让他的形象更加丰富饱满。诸葛亮"六出祁山"虽众口相传，但诸葛亮的北伐实际上只有五次，也并不是每次都从祁山而出，展览通过组合展项来展示真实历史中诸葛亮北伐的情况：多媒体视频以直观的地图为基底展现了诸葛亮

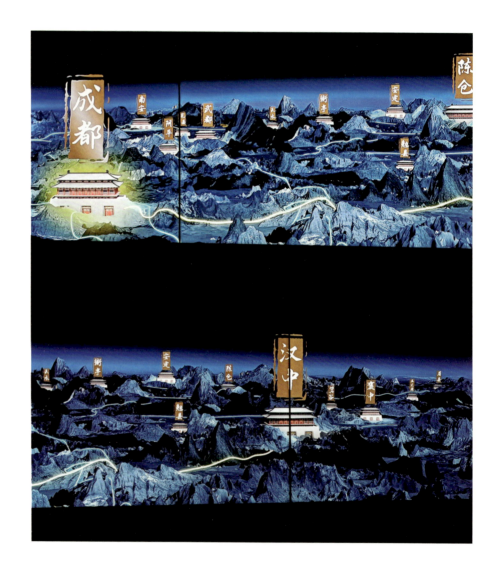

图3-27　"北伐曹魏"多媒体实景

五次北伐的具体路线（图3-27），详细标注了每次北伐的时间和所经之地，希望观众能借此更明确地了解诸葛亮北伐的路线，而图文表格则是清楚地列出五次北伐的时间、地点以及交战双方的相关信息。两相对照，帮助观众厘清历史与演义的差别，重塑认知。

　　"博物馆体验对我们而言并非仅仅是智慧的或美学的，相反，它是一个人们可以沉思、冷静、反思，并且理解自我情感与动机的地方。"〔30〕正因为如此，策展团队还需要把握展览的情绪节奏，在不同的地方调动观众的不同情绪，通过情感的投入来帮助观众更深入地参与展览。例如君臣建立蜀汉时的激动与振奋，刘备托孤给诸葛亮时的无奈与二人的情深义重，诸葛亮病逝五丈原时的遗憾与痛惜，展览在这些地方综合运用了动态投影、场景营造、沉浸体验等技法，让历史进入当下的空间，注重认知层面的互动、体验和思考，帮助观众获取更真切的感知。

　　以展览最后的"星落五丈原"沉浸式展项为例，策展团队力求展览的结尾不是仓促的、戛然而止的，而是从容的、回味悠长的，于是在此处设置了该展项，希望能用沉浸式的感知来升华和完善观众的观展体验。"沉浸式体验意味着打破了看与被看之间的界隔，让观看主体的精神与被看客体的存在融为一体：观看主体因沉浸而专注，因专注而产生共情，因共情而更深入地理解被看客体；同时沉浸式体验也能让观看主体忘掉平日的本我而产生一种穿越到另一个世界的奇妙感受。"〔31〕观众在展厅内看过刘备与诸葛亮波澜壮阔的一生，感受过二人互契互信的深情厚谊后，已经接收了非常丰富的信息，此时便需要一个较为独立且不受干扰的空间，在这个空间里能够专注地投入，能够细细体味整个展览，同时去沉思、去共情。展项配合两面墙的不锈钢镜面与大理石抛光地面以及屋顶星空氛围灯，构造 teamLab 式的沉浸感空间，营造沉静悠远的意境，同时舍弃干扰性较大的语音背景音，也不用大篇幅的文字来定调定性，仅用画面和纯音乐来感染观众，希望能够帮助其形成自身独特的感知与记忆。

图3-28　蜕变中的展厅（上）
图3-29　施工前的木构建筑（下）

四、破茧的呈现——展览工程的管理

如何在历史园林中科学打造展览工程?

在遗址类博物馆中进行展览工程的管理是一门综合性的艺术,与综合类博物馆相较,遗址类博物馆在藏品数量上总体偏少,藏品种类构成偏单一化,且大多数古建遗址类博物馆建筑年代悠久,设计时不仅需要考虑展览的要求,更需兼顾历史园林与古建筑环境的一体化保护,尽可能减少兴建或改建展览场馆带给遗址本体及周围植被环境的破坏,为将来的遗址发掘、保护和利用创造良好的条件(图3-28)。因此,想要脱出樊笼,在遗址类博物馆中设置展陈场馆,具有很大的局限性与挑战性(图3-29)。

遗址类博物馆展览工程管理在实施的过程中面临很多困难,涉及博物馆各部门的配合、设计施工单位的协作和其他文博单位的共同参与。在工程实施过程中需根据展厅的客观条件,合理配置展览资源(如灯光、色彩、展柜、展具、展板、场景、多媒体等),力求在保证展品安全和展出效果的基础上有效控制经费,保障展览效果,践行设计理念,将展厅打造为博物馆与社会大众沟通的桥梁。

(一)兼容园展的使命

"刘备与诸葛亮君臣合展"是一个充满个性与挑战的展览,展厅突破单纯的容器属性,将中国传统木构建筑和现代轻钢框架结构有机结合,使观众不仅能够游弋于充满历史氛围的展厅环境,还能够透展见园,感受新老建筑元素交错的艺术再造空间。

　　展览工程内容包括两个部分：一是展厅建筑土建工程；二是展厅装饰工程。在土建工程中，需要考虑功能分区、层高、采光照明、辅助用房配置等的科学合理；展厅与周边建筑，乃至与整个博物馆风格相一致；观众参观路线、内部人员工作路线和展品运送路线的安排合理，此外还有展厅防盗、防火、防震的技术参数和要求（图3-30）。重点要解决平面与空间布局的系统性、顺序性和灵活性。而在装饰部分，要最大限度地体现展览的艺术感染力和文化魅力，就需要在具体的道具制作、灯光设计、辅助展品设计乃至场景布置等方面全面创新，创造独特、强烈的空间感受，从更多方面和角度来表现展览主题。

　　此次工程项目分工细致、工艺复杂、材料种类多。为此，策展团队一方面严格遵循国家和行业有关标准，如《博物馆照明设计规范》《文物展柜基本技术要求及检测》《建筑装饰装修工程质量验收规范》《展览场馆功能性设计指南》；另一方面按照馆内《成都武侯祠博物馆陈列展览管理办法》，规范相关流程和作业程序，在施工过程中，以安全为第一原则，针对所使用材料的强度、抗压能力、抗腐蚀能力开展实验，强化施工过程中的质量效果监测。部分大型构件和复杂组件，采用模块化建造，将制作主体分解为多个模块，在专业设备工厂进行加工生产后，运输至馆内组装。同时，项目采用了大量环保材料和工艺，如屋顶使用集保温、散热和阻燃功能于一体的天花板，并且在其中预留空调、灯光、新风等管道线路；为降低能耗，在部分区域打造隔热玻璃幕墙，采用自然照明创造了一个内外兼容的开敞空间。通过上述措施，最大限度地保留历史文化遗产的原真性，兼顾保护与展示的平衡性，凸显设计与工程的创新性，尽可能保障视觉上的和谐美观，深层次展现园展交互的设计理念。

图3-30 瓦屋面铺设

（二）建立机制的意义

展览项目施工管理是一项兼具专业性和技术性的综合工作，需要以系统性的思维方法与团队高效合作。工作内容包括策展团队对展览的内容及概念设计、施工、验收和运维全流程主导；建筑设计师对展厅建筑进行设计升级，展陈设计师对展览进行空间设计；项目经理现场总体协调施工班组，编制组织计划表，跟进施工进度；监理方把控施工进度和质量，与施工方确定施工流程；过控方通过加大设计深度、减少非必要浪费等措施，降低和控制展览项目费用。制定完善、科学的施工机制，各方高效沟通协作，才能保证展览的最终效果。

1.工程前期管理

为科学布局施工进度、规范工程质量，合理控制施工成本，在项目前期，馆内便积极组织专家对制定项目规范、精细化管理流程和各岗位责任制进行系统梳理，主要涉及图纸审核、场地复尺、材料成本控制、人员成本控制，围绕材料、技术及人工的准备、管理，确立监理机制及过控机制，并由承包方编制出各工程项目的详细的实施性施工组织设计，报请监理工程师审批。策展团队始终秉持着精益求精的态度和原则，针对工程施工过程中存在的各种问题或潜在风险隐患，提出最佳的处理方案，以满足设计及规范的要求。

2.工程中期管理

在正式现场施工阶段，需要随时关注和掌握整个项目的进度运行情况，严格按照制定的施工计划，积极协调多工种的相互合作，采取统一协作、灵活调配的人员管理原则，根据预先制定的计划和解决方案，保障施工各阶段的顺利衔接，保持项目平稳有序地进行施工。

这一阶段的重点有两个：一是把控项目的进度情况。进度控制不是单纯的施工工期控制，而是依据总体规划和统筹安排编制总施工进度计划，着重于整体性和协调性。二是强化项目质量控制。由于展览项目很多内容是非标、唯一的，需要严格根据设计图纸进行定制，因此就要求严格审核各阶段是否符合质量要求，包括对样品、半成品和成品的管控，任何小的变动都可能导致工期、成本或质量的改变。

同时为确保各方有效沟通，在项目初期即建立每周一次的监理例会制度。会议主要包括对上周施工进程进行简要汇报，对需要协商、协调的问题进行讨论以及制定接下来一周的工作计划。

3.工程后期管理

后期管理主要涉及竣工验收、项目移交、资料归档、审计结算、固定资产盘查、项目决算、项目保修等内容。同时，监理单位要提供全套监理日志、监理报告、监理通知单、监理规划和细则、监理会议记录等资料。施工单位则需要提供完整的竣工结算书和审核报告。

另外，展览的各项设计方案、招投标文件、施工合同、展品借展和运输协议、相关会议简报、施工过程资料、报审和审计材料、各界对展览的评价和建议等需要统一整理归档，方便之后对项目资料的查阅。

（三）运维的新模式

在 8 年的展览筹划和实施过程中，资料的混杂、争论的拉锯、人员的流动乃至新冠疫情的反复等问题一直困扰着策展团队。但策展团队和各项目团队克服重重困难，始终坚定信念，积极合作，跨越艰难险阻，最终顺利完成展览项目。一个成功的展览是由众多的工作程序、工作步骤和工作环节相互串联叠加而实施完成的，在这个过程中，每一步都需要与多个相关的个人、团体进行反复的沟通、探讨和优化，任何一环出现问题都会影响到其他环节，甚至对整个展览项目产生全局性的影响。如展陈设计团队是由艺术家、空间设计师、展陈设计师、平面设计师、场景设计师、灯光设计师、多媒体动画师、园林设计师等人员组成的，要将这样一个构成复杂、人数众多的团队组织协调在一起工作，不是一件容易的事，需要经历一段时间的磨合。为了提高工作效率，团队采用"阶段分区"的形式与各单位进行沟通协调，从不同学科思维的角度去进一步论证成果的合理性，进行多元化的思考。

工程管理是展览得以圆满呈现的核心，而运维则是保障展览能够持续输出社会价值的关键所在。"刘备与诸葛亮君臣合展"聚焦运维中可能出现的典型场景，统一管理调度，形成"一个体系、一个机制、一个系统、一个平台"的专业运维方案，结合最新科技成果，数智赋能展览，打造出全周期全方位的"4E"综合运维管理体系，即 efficient（高效的）、environment friendly（环境友好的）、endurable（可持久的）、enhanced（可拓展的），根植运维的各个环节，持续优化管理，更好地服务观众。

1.高效的标准化管理体系

展览由馆内多部门组成综合运维保障组，对展厅进行高标准、严要求的管理，建设人员配备、台账管理和规章制度等系统化体系。人员配备方面，设置展厅专职管理人员进行精细化、日常化管理（图 3-31）；台账管理方面，建立台账资料体系，分类别统一规划、集中整理，完善出基础资料类、秩序维护类、设备维护类、建筑园林类等四大项工作台账；规章制度方面，根据展厅实际工作需求，编制安全保障、展厅清洁、设备机房和消防预案等工作规范，实现安全、有序、高效运行。

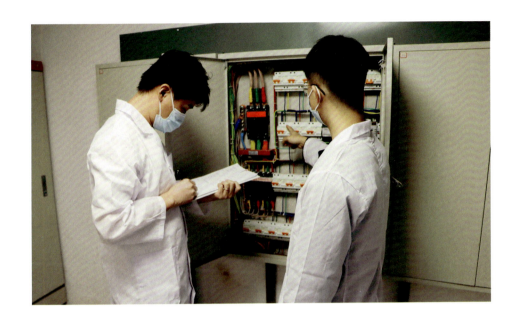

图3-31　对电力系统的日常巡查

2.完善的安消防运维机制

文物及展厅安全是重中之重，为此展厅内外及中庭园林安装有全天候视频监控、红外夜视探测器和烟感探测器，达到 24 小时实时监控。展厅内设置有区域侵入报警系统，在勘探到有不合法入侵时，能及时记载入侵的时刻、地址，及时通过报警设备发布报警信号；人脸抓拍安防系统无死角覆盖所有区域，在发生危险情况时，能第一时间将抓拍的人脸图片与视频录像关联起来，有助于更好更快地定位可疑人员。展厅内外配置有多处干粉及二氧化碳灭火器，全域覆盖应急照明，设置有应急安全逃生出口，确保出现火灾等危险情况时，所有人员可以第一时间及时撤离。展厅外配备有专业微型消防车，具备自动报警、消防联动、紧急处置等功能。安防、

图3-32　恒湿机数据设置

消防设备联通监控中心，在监控中心安排 24 小时专人值守及全天不定时巡视。

3.稳定的展览环境控制系统

　　展厅内有大小独立柜、平柜和沿墙柜共计 26 组，所展出文物涵盖陶器、金属器、金银玉石器、瓷器、纸质文物等种类，对展出环境提出了很高的要求。为保证展出文物处于安全稳定的良好状态，其一，在照明光源方面，合理规划灯具点位，达到明暗结合、重点突出的照明效果，并使用国内外专业展陈照明灯具，减少光源污染和破坏；其二，24 小时实时监测展柜内外温湿度，根据温湿度变化及时调节循环系统和空调系统运行情况，满足恒温恒湿要求（图3-32）；

其三，通过展柜内设置的多点联动式有害气体、污染物和病虫害等监测设备，可以实时监控柜内微环境变化，针对性地调节文物展出环境。

4.一体化的智能控制平台

针对展厅内多媒体设备、空调系统、新风系统、恒温恒湿机组、文物展柜和照明灯具等展览设备，采用无线智能一体化控制系统，能够实现在可控范围内统一调节、智能掌控，不仅节约了人力成本，实现可持续高效运维，而且也为展品上了一道"智能锁"，提高了展览的安全等级，保证展览平稳运行，维护展品安全。

注　释

〔1〕李明倩.博物馆叙事研究综述——兼论展览叙事核心议题.自然科学博物馆研究,2019(6):5-12，91.

〔2〕Jenny Kidd. The Museum as Narrative Witness: Heritage Performance and the Production of Narrative Space//Museum Making：Narratives, Architectures, Exhibitions. London： Routledge, 2012: 81.

〔3〕De Fina, A.&Alexandra G. Analyzing Narrative:Discourse and Sociolinguistic Perspectives. Cambridge: Cambridge University Press, 2012: 9.

〔4〕张婉真.当代博物馆展览的叙事转向.台北：远流出版公司，2014：141.

〔5〕方北辰，谭良啸.三国故事真与假100例.成都：成都时代出版社,2015：前言1.

〔6〕吴诗中.四渡赤水纪念馆展示设计的叙事特征.美术观察,2016(10):90-93.

〔7〕任晓莹.位移、互换与想象：博物馆叙事性展览中的"他者"视角.东南文化,2020(5):167-172.

〔8〕舒丽丽，陈建明.博物馆叙事方式刍议.湖南省博物馆馆刊,2013(1):637-643.

〔9〕徐良高.考古学研究中的解读与建构——关于考古学本体理论的一些思考 // 李下蹊华——庆祝李伯谦先生八十华诞论文集.北京：科学出版社，2017.

〔10〕宋向光.博物馆藏品构建连接 // 安来顺.中国博物馆通讯（2014年5月总第321期），2014：2-4.

〔11〕毛若寒.试论博物馆物的语境化阐释：内涵、目标与策略.东南文化,2021(1):153-160.

〔12〕严建强.在博物馆学习：博物馆展览中的认知与传播.杭州：浙江大学出版社，2020：45.

〔13〕方苏晨.博物馆展览文本结构研究.复旦大学硕士学位论文,2011.

〔14〕卢絮.论新历史主义的理论内涵与特色.西部学刊，2015(11)：24-27.

〔15〕[美]妮娜·莱文特，阿尔瓦罗·帕斯夸尔－利昂.多感知博物馆：触摸、声音、嗅味、空间与记忆的跨学科视野.王思怡，陈蒙琪，译.杭州：浙江大学出版社，2020：246.

〔16〕王宏钧.中国博物馆学基础.上海：上海古籍出版社，2001：54.

〔17〕许潇笑.从"知识权威"到"公共知识生产体"——关于"博物馆定义"的思考.中国博物馆，2018(4)：17-22.

〔18〕侯幼彬.中国建筑美学.北京：中国建筑工业出版社，2009.

〔19〕童寯.江南园林志.北京：中国建筑工业出版社，1984.

〔20〕宗白华.美学散步.合肥：安徽教育出版社,2006：97.

〔21〕李楚洋."逸品"在书画美学中的历史嬗变.书画世界，2021(10):69-71.

〔22〕[美]妮娜·莱文特，阿尔瓦罗·帕斯夸尔－利昂.多感知博物馆：触摸、声音、嗅味、空间与记忆的跨学科视野.王思怡，陈蒙琪，译.杭州：浙江大学出版社，2020：257.

〔23〕［明］计成.园冶.南昌：江西美术出版社，2018：6.

〔24〕Freeman Tilden.Interpreting Our Heritage. 3rd ed. Chapell Hill：The University of North Carolina Press, 1977：8.

〔25〕张灏.文化转译在中国当代艺术语境中的应用.艺术教育，2013(10)：28-29.

〔26〕吴萌.利用数字技术实现中国古代书画的文化转译——故宫博物院数字《黄筌写生珍禽图》交互项目的实践 //.北京联合大学，北京数字科普协会.科学艺术 传承创新：科学与艺术融合之路.北京：电子工业出版社 ,2017：95-101.

〔27〕［美］妮娜·莱文特，阿尔瓦罗·帕斯夸尔－利昂.多感知博物馆：触摸、声音、嗅味、空间与记忆的跨学科视野.王思怡，陈蒙琪，译.杭州：浙江大学出版社，2020：195.

〔28〕［美］妮娜·莱文特，阿尔瓦罗·帕斯夸尔－利昂.多感知博物馆：触摸、声音、嗅味、空间与记忆的跨学科视野.王思怡，陈蒙琪，译.杭州：浙江大学出版社，2020：223-229.

〔29〕［美］妮娜·莱文特，阿尔瓦罗·帕斯夸尔－利昂.多感知博物馆：触摸、声音、嗅味、空间与记忆的跨学科视野.王思怡，陈蒙琪，译.杭州：浙江大学出版社，2020：228.

〔30〕［美］妮娜·莱文特，阿尔瓦罗·帕斯夸尔－利昂.多感知博物馆：触摸、声音、嗅味、空间与记忆的跨学科视野.王思怡，陈蒙琪，译.杭州：浙江大学出版社，2020：258.

〔31〕巫濛，白藕.历史博物馆展览的景观化建构：构成、思维与途径.东南文化，2022(1)：178-184，191-192.

Wise Emperor and
Virtuous Prime Minister
for Eternity

一、持续的交互

　　一场好的展览不仅要吸引观众，提供娱乐，还要能激发观众的兴趣，使他们产生思考，提出问题，从而获得知识。为此，我们在精心策划一场好展览的同时，还秉持以观众为中心的展览服务理念，在为观众提供多层次全面优质的讲解服务的同时，亦针对不同受众推出丰富多样的社教活动，让观众跳出"围观"文化活动的意识，由被动的消费者转为主动的参与者，在积极的参与中构筑自己的理解，获得身的愉悦与心的思考。

（一）参与式的阐释探索

　　博物馆不仅仅是一个呈现物的空间，更是解读和反映文化的历史语境之再现场所。为了丰富"刘备与诸葛亮君臣合展"的内容，我们依托武侯祠整体文化底蕴，结合展览推出《领阅·武侯祠》讲述类专题片、展览观众手册和课程、"明良千古沉浸式剧本杀"、明良千古互动体验活动等项目，目的就是通过互动的过程尽可能地提升观众参与，激发观众想象，使观众与博物馆产生更多的联结，以促进信息的交流。

1.《领阅·武侯祠》讲述类专题片

　　用新理念、新手段让观众更生动、更深入了解成都武侯祠博物馆，挖掘更具流传性、可看性的故事；邀请三国历史专家、作家、文化名人等主讲人讲述武侯祠及三国英雄的历史，带领观众细细品味古祠的千秋岁月以及刘备与诸葛亮的君臣情谊。该片同时也通过成都电视台、微博、微信、哔哩哔哩、抖音、快手等平台对公众播放，并在社区、学校进行推广。

2.展览观众手册和课程

根据展线顺序，加入展览的精品内容、精美图片，制作成"刘备与诸葛亮君臣合展"观众手册，使观众快速了解展览内容和文物精品，引导观众按照合理的路线参观，还可留作纪念。同时将展览体现的君明臣良的千古佳话编制成历史课程，为观众深入展现这幅精彩丰富的历史画卷。

3."三国小剧场——刘备与诸葛亮篇"

选取三国历史中刘备与诸葛亮的经典故事，由专业团队编制成话剧表演，对小朋友进行表演培训，并于每月定期举行"三国小剧场"汇报演出。

4."明良千古沉浸式剧本杀"

我们从展览相关的三国历史背景故事中，选取脍炙人口的经典故事、英雄事迹等，结合当下在青少年中较为流行的游戏形式，编制出"明良千古沉浸式剧本杀"，融史于乐，带领观众身临其境体验三国波澜壮阔的历史，切身体会历史人物的精神心理。

5."寻宝明良千古"

依托"刘备与诸葛亮君臣合展"丰富的展览内容，我们特别设计制作"展览寻宝手册"，通过手册上的文物信息、闯关获得的关键词提示，参与者需在展厅内寻找到相对应的文物。活动解锁了观展新模式，将展厅作为体验和探索的空间，让亲子家庭带着问题进行参观，共同学习探索，协作完成任务，不仅能让孩子学习传统文化知识，而且能锻炼他们探索实践的能力。此外，也给孩子和家长提供了一个互动交流的平台。

6."明良千古研学体验"

成都武侯祠博物馆作为全国中小学生研学实践教育基地，在"明良千古研学体验"活动中，由宣教部的社教老师带领青少年观众观展，细致解读展览中的珍品文物和文物背后的三国故事，弘扬传承三国文化，提升青少年观众群体的文化素养，激发其对历史、对民族的热爱。

7."明良千古展——文物新鲜看"系列短视频

"明良千古展——文物新鲜看"6集系列短视频融入了时下流行的说唱、选秀、游戏、电影等元素，以新颖的角度和诙谐的语言介绍灰陶说书俑、青铜弩机等展览中的精品文物，并巧妙结合布展的沉浸式场景体验装置，趣味再现三顾茅庐等历史事件，使观众足不出户也能欣赏文物珍品，感受三国文化魅力。

8."向往的三国"

围绕展览的珍品文物及三国文化等内容，我们还发起了"向往的三国"之答题闯关活动。通过线上H5答题形式，让公众能更直观地了解展览基本概况，更有效地解读展览的文化内涵，更深入地探寻灰陶说书俑、青铜摇钱树等文物背后的故事。探宝活动还特设文物集章打卡环节，增添了看展的趣味性和互动性，给观众沉浸式的观展体验，以此来打破时间和空间的局限，让观众即使足不出户也能即时学习了解传统历史文化和展览文物知识。"向往的三国"答题闯关活动参与人数近3万，收获好评无数（图4-1至图4-3）。

图4-1 "向往的三国"配套活动一（上）
图4-2 "向往的三国"配套活动二（下）

图4-3　"向往的三国"配套活动三

（二）分层化的公众引导

　　讲解服务是连接观众和展览的重要桥梁，是最直接、最亲切的信息传播方式，不仅能够帮助观众快速便捷地了解展览内容及展品背后的历史信息，弥补因空间限制而无法于展板展示的缺失内容，提高观众参观效率，而且能够引导观众遵循合理的叙事路线，从而提高认知和学习的效益，并更有助于对观众的主动参与和思考做出及时回应，创造参与式信息互动，有效缓解观众因疲劳而产生的学习效率降低的情况。当然，讲解服务不应该是单一或固定的，应根据不同的受众群体而有所侧重。

图4-4　展览讲解服务一

　　"刘备与诸葛亮君臣合展"讲解体系分为线上和线下，双线并行，互为补充。线上，依托数字化展厅，做到全域式、重点式讲解。在部分周末和节假日利用微信视频号、官方抖音号等平台，邀请专家和金牌讲解员直播讲解，带领观众"云"游展览。线下，由策展人、专职讲解员、文化志愿者和小小讲解员提供不同角度的讲解服务，涵盖中、英、日、韩四种语言，针对不同观展群体，提供个性化参观服务，并设置自助语音导览，制作展览讲解二维码，录制语音解说，观众亦可以直接在展厅扫码收听（图4-4、图4-5）。

　　为提高讲解员深入挖掘文物信息的能力，提高文博知识素养，我们对讲解员进行专题培训：第一步，让讲解员在展览实施全过程中参观和旁听，使其充分了解展

图4-5　展览讲解服务二

览在策划和实施中的各种内容选择和艺术追求的目的性，更准确地把握展览信息和价值导向；第二步，将展览相关文字资料分发给每位讲解员、志愿者、小小讲解员，包括文本大纲、讲解词、讲解重点介绍等；第三步，对讲解员进行相关学术培训，其间有针对性地为讲解员答疑解惑，以此来帮助其更深层次地理解展览精神内核；第四步，进行现场讲解演练，有助于熟悉场地、明确重点；最后，定期对讲解员在服务中遇到的观众问题进行汇总讨论，必要时邀请相关专家和策展人研讨培训，并通过观众的问题反馈总结观众的知识需求和观展喜好等。有了这样深刻的剖析，讲解团队在为观众讲解时思路也更加清晰，并灵活拓展讲解信息，倾听观众声音，尊重他们的兴趣和需求，使观众获得满意的博物馆体验。

二、研究的启承

展览通过展品和策展团队提炼出的展板内容向观众提供知识，但一场展览的成功开幕并不意味着展览活动的结束，相反，恰是一个新的开始，是开启对展品及其背后所承载的历史文化进行社会范围内大讨论和研究的契机。

（一）纵向：多角度深入展陈艺术研究

"刘备与诸葛亮君臣合展"是成都武侯祠博物馆重点推出的一项常设展览。在展览筹备和创作过程中，馆内人员付出了大量的心血，也在展览形式和内容方面总结提炼出很多深刻独到的认识见解。

作为展览内容的重要补充，我们编撰了展览图录，书中除对展览信息有较为完整的介绍之外，也对展览的文物及文物背后所蕴含的历史知识作了深入挖掘，并收录了三国文化历史学者最新的研究文章，具有很高的学术价值。

结合展览以文物、场景、多媒体、园林等为多核心对象的展陈模式，从不同角度、不同侧面诠释三国文化价值内涵的方式，武侯祠相关策展人及团队也在致力于"孔明苑"展览模式的研究，研究成果以论文的形式发表于或即将发表于国内各类期刊，对于探索符合新时代多样性需求的展览具有重要的价值和借鉴意义。

作为对历史建筑结构功能进行梳理和再定义后打造的将祠庙建筑、历史园林与当代展陈进行深度融合的展览案例，"刘备与诸葛亮君臣合展"是成都武侯祠博物馆在长期的研究和探索中摸索出的一套适合自身的展陈体系，这一模式虽具有"武侯祠特色"，但对于其他历史建筑遗址类博物馆在改造和利用空间方面也具有一定的参考价值。策展团队和设计人员将这种模式形成研究成果，并公开发表，期望能给同类博物馆在探索自身发展道路上以些许启迪。

（二）横向：多元化拓展三国文化传承

自展览策划初期到开展以来，我们以"刘备与诸葛亮君臣合展"为契机，邀请国内外高校、专业机构相关知名专家学者担任学术顾问，推进三国文化课题分类研究，促进博物馆学术人才培养。目前，成都武侯祠博物馆已在三国文化研究、三国文物、展陈模式及艺术品质等方面累计发表学术论文数百篇，出版《历代三国志文献集成》等著作、图录 50 余部。

在具体研究项目方面，一是开展国内首个三国文化专题调查项目"全国三国文化遗存调查"，截至目前调查点位 840 余处，范围覆盖四川、重庆、贵州、湖北、陕西、甘肃等 6 个省市。出版报告 3 部，发表相关学术论文若干。综合性调查报告《全国三国文化遗存调查报告（蜀汉卷）》已完成整理，即将出版。

二是实施四川历史名人文化传承创新工作，系统推进历史名人文化阐释与活化，出版《四川历史名人丛书·研究系列》之《诸葛亮研究文选》等著作，深入挖掘历史名人所代表的中国传统文化精神品质，弘扬新时代中国传统文化的恒久魅力和时代风采。开展全国诸葛亮文化遗存调查，出版著作《名垂宇宙——诸葛亮文化遗存调查》，对全国有关诸葛亮的文化遗存做了全新完整的梳理和留存，记录了遗存背后的历史故事，再现诸葛亮鞠躬尽瘁的一生。

三是建成收集三国文化研究资料最为齐全、系统的全国三国文化研究中心，并与成都图书馆合作成立成都图书馆三国特藏文献分馆。

　　四是加强文化合作交流，牵头成立全国三国文化保护利用联盟、四川省诸葛亮研究会，大力提升三国文化研究水平。

　　当然，这一切仅仅是个起点，博大精深的三国文化绝不是一朝一夕就能参透的，在不同的历史建筑空间内举办不同主题展览的困难也是不尽相同的。研究是个漫长而审慎的过程，其中从不缺乏坚守者与同行人，随着"刘备和诸葛亮君臣合展"的开展和持续火热，相信不久的将来，对于三国文化的研究成果将在这一阵地上持续绽放胜利之花。

三、无界的传播

　　博物馆的受众是社会大众，具有广泛性。为做好展览的宣传工作，尽可能广泛地向社会大众传递展览信息，实现博物馆的社会教育职能，我们依托自身"三国圣地"的资源优势，整合各类媒体资源，综合运用多种媒介平台和新媒体技术，制定了一套完整的宣传计划，将文化内涵赋予到文化产品中，力求打造具有广泛社会影响的文化品牌。

（一）数字化展览

　　数字化展览体系是博物馆随时代变化产生的重要建设成果，是现代社会和虚拟技术融合的产物，是全方位、多感官沉浸式的欣赏情境。其通过线上线下相结合的数字技术，对展览文物的内涵、历史、文化、美学等方面信息进行充分发掘，把不同的文字、图片、展项等内容以理性方式呈现，最大化突破时间和空间的约束，更好地搭建起博物馆与观众之间的桥梁。数字化的展示不仅提高了展览的趣味性、解读性和通俗性，最大限度地展示了文物的历史文化价值，而且更好地融合了多学科知识组织、艺术化表达，呈现出多样化的观赏效果。

1.展品数据采集

　　针对展览文物种类繁多、保存条件不同的特点，策展团队制定了多种文物扫描方案，其中二维静态平面扫描100件（套），三维立体模型扫描111件（套），并在此基础上建设了完善的文物数据库管理平台。

　　二维静态平面扫描主要针对历史古籍等有机质文物，减少了对文物本体的干扰。首先利用扫描仪、照相机等设备对文物本体进行图像采集，得到图像信息后再利用专业数据处理软件，对扫描文件校准、修改和完善，最终统一存储至文物数字数据库。

　　三维立体模型扫描总体可以划分为三维数据测量与模型构建、二维数据采集与色彩管理、纹理贴图与精细化处理三个主要的数据处理工序。在获取文物信息的过程中，可以通过投射激光的方式，获取文物表面点的三维空间坐标，在不接触文物本体的情况下，快速准确地获取文物数据，在庞大的点云数据基础上，通过纹理映射对三维模型赋予纹理，经数据校正和处理后，最终形成高模和低模两种模型成果。高模模型精度高、数据大，保存翔实的单个文物三维数据，主要用于数据存储备份和文物的数字化保护、研究等。低模模型则读取快、易加载，主要用于单个文物的互联网展示，观众可以通过数字展厅流畅地观看文物三维模型展示。

　　文物数字化采集，一是有利于对文物的整体形象进行展现，尤其在不易展出的细节方面实现文物信息的全面展示。二是扫描完成后形成的大量文物数字模型，可用于建立数字文物博物馆，更有利于文物的数字记录、数据保存和研究。三是针对部分存在缺损等问题的文物，可以利用二维和三维扫描数据，在之后的文物修复过程中，提供数字化修补支持，完成非接触式保护。

2.数字化展厅展示

与展览配套的数字化展厅，将现代技术与展示内容巧妙地结合，利用3Dmax三维建模、模型纹理映射等方式，对展厅及外围场景进行全面的三维空间信息数据采集，以数字化的方式和多媒体视角向观众展示，提供了线上交互浏览体验数字文化服务，营造出沉浸式的展示效果，让观众在传统与现代交汇的氛围中体验独特的展览魅力。

数字展厅以多重视点的移步式互动方式，通过移动鼠标就可以全景720度观看，在重点参观区域可以直接点击并放大展览版面或文物展品，在三维文物展示界面还配有详细的文字说明。整个数字展厅界面的中心点随观众移动，在自由灵活的观赏过程中，增加了更多的选择性，可以自由改变既有的视觉秩序，达到延伸视线的目的。同时在参观界面带有展厅平面小地图，观众可以独立于屏幕之外，以俯视视角一览展厅全貌，将所有展览信息尽收眼底，打破了实体空间原有的视觉约束（图4-6）。

在这种虚拟空间内，观众既是观看方式的被影响者，又通过交互点击成为数字化展览的主导者，参与建构新的参观秩序。

3.展厅数字化建设

在线下实体展厅内，根据展览主题和展示内容，策展团队综合运用拼接屏、LED屏、投影等数字展示设备，呈现出兼具科技感和现代感的展示效果。"夷陵之战"展项以声、光、电技术营造出刀光剑影中火攻水淹的战争紧张感，极大丰富了参观

图4-6　数字化展厅

效果。"赤壁之战"展项则以异形投影＋动态模型的方式，使观众可以近距离体验数字展项所带来的视觉冲击，带来身临其境的交互体验感。

展厅内的数字化展项，不仅使观众全身心投入与展览的对话之中，达到更加有效地获取展览信息的目的，而且深度融合了与观众的自由沟通，更具人文气息和吸引力，建立起观者与展览间个性化的观展体验。

（二）专家说

"明良"三章

—— "刘备与诸葛亮君臣合展"观后解读

锦官城外著名的成都武侯祠博物馆中，在离正大门不远的二门处，在青翠古柏的掩映下，有一块清代匾额，上面楷书四个大字"明良千古"。这是古人对于刘备和诸葛亮这两位名扬千秋的明君良臣，给出的高度赞美和精辟形容。

值此新时代的今天，成都武侯祠博物馆举办的"刘备与诸葛亮君臣合展"，已经在馆内开展一年多了。这一场大型的三国历史文化展览，集中了成都武侯祠博物馆、湖北省襄阳市博物馆、四川博物院、凉山彝族自治州博物馆、成都文物考古研究院、成都永陵博物馆等6家文博单位的200余件（套）精美文物藏品，然后再以创新的表现形式、独特的审美视角，展现出刘备和诸葛亮君臣合力开创蜀汉辉煌大业的生动场景和非凡魅力。

展览从初创、设计、实施到开展，历时8年之久。作为这一艰巨过程的曾经参与者，全部展览的多次沉浸式观赏者，以及三国历史文化长期的研究者和传扬者，我不能不对这一展览的关键词，也就是"明良"，发表自己的感想和思考。于是写成这篇短文，作为对这场展览获得社会一致肯定的祝贺。

所谓"明良"者，英明和贤良之谓也。英明是针对蜀汉政权的君主刘备，贤良是针对其丞相诸葛亮。不过，英明和贤良只是抽象的形容，至于刘备的英明和诸葛亮的贤良，具体落到实处的话，又表现在何时、何地与何事呢？我认为，最为突出的具体表现是在三个时候、三个地点和三件大事之上，这就是下面将要解读的"明良"三章。

第一章

刘备英明和诸葛亮贤良的第一次突出表现，发生在东汉献帝建安十二年（207），地点是在诸葛亮躬耕陇亩的襄阳隆中，大事则是流传千古的"隆中三顾"。在这两人初次相见的经典性历史场景中，刘备的英明突出表现在"反躬自省之明"，而诸葛亮的贤良则突出表现在"运筹帷幄之良"，下面具体加以解读。

刘备最为突出的个人素质是"坚韧"。他自东汉灵帝中平元年（184）举兵起事起，到东汉献帝建安十三年（208）赤壁抗曹获胜，奠定蜀汉政权雏形为止，25年间，多次遭受沉重打击，先后投奔过公孙瓒、陶谦、吕布、曹操、袁绍、刘表，单是妻室儿女被他人俘虏和逃跑失散，即有四次之多。他虽然屡起屡败，却能屡败屡起，并不灰心丧气。到了将近50岁时，仍然不甘沉沦，奋起拼搏。这样一种坚韧品性，在汉末群雄中实属罕见。

但是眼下的刘备，还表现出另一项非常宝贵的个人品质，就是能够认真反躬自省，总结失败受挫的原因和教训，从而采取有效措施进行补救，而不是怨天尤人，沉沦不能自拔。

他把自己和曹操、袁绍、刘表这些有所成就的人物相比，发觉自己在创业过程中，始终缺乏一个能够提供思想指导和谋略设计的智囊，这是一个最致命的缺陷。他人都是有文有武，相得益彰，而自己则是有武无文，形同跛脚。要想建大功、立伟业，首要的急务就是要寻找一位杰出人才作为首席辅佐。于是，刘备以前所未有的热情，开始在荆襄一带访求贤才智士。这一访，才有了他与诸葛亮的"隆中三顾"。

诸葛亮已在襄阳的隆中居住了12年之久。从年代上说，是从东汉献帝建安元年（196）前后，到建安十二年（207）应刘备之请出山。从年龄上说，是从 16 岁到 27 岁。在隆中居住期间，他表面上过着"躬耕陇亩"的隐居生活，实际上却在运用"观其大略"的独特读书方法，努力从书中学习古代英才观察时势的有益经验，认真取其精华加以吸收，从而大大增长自己的眼光、智慧和才干。听了刘备对事业发展方略的恭敬询问，诸葛亮心中明白：展示自己运筹帷幄真实本领的时刻到了！

他首先针对北面的曹操和东面的孙权立论，说道："自董卓以来，豪杰并起，跨州连郡者不可胜数。曹操比于袁绍，则名微而众寡，然操遂能克绍，以弱为强者，非唯天时，抑亦人谋也。今操已拥百万之众，挟天子而令诸侯，此诚不可与争锋。孙权据有江东，已历三世，国险而民附，贤能为之用，此可以为援而不可图也。"

紧接着话锋一转，又指向荆州的刘表和西面益州的刘璋："荆州北据汉沔，利尽南海，东连吴会，西通巴蜀。此用武之国，而其主不能守，此殆天所以资将军，将军岂有意乎？益州险塞，沃野千里，天府之土，高祖因之以成帝业。刘璋暗弱，张鲁在北，民殷国富而不知存恤，智能之士思得明君。"

北、东、西三面和荆州本地的情况既已说明，刘备今后的战略方针便不难做出了，所以诸葛亮最后指出："将军既帝室之胄，信义著于四海，总揽英雄，思贤若渴。若跨有荆、益，保其岩阻，西和诸戎，南抚夷越，外结好孙权，内修政理；天下有变，则命一上将将荆州之军以向宛、洛，将军身率益州之众出于秦川，百姓孰敢不箪食壶浆以迎将军者乎？诚如是，则霸业可成，汉室可兴矣！"

他的这番对答，远瞩高瞻，简明扼要，步骤完备，目标明确，直把刘备听得醍醐灌顶、茅塞顿开，此前他还从未见过把当前时局分析得如此透辟的杰出人士。刘备望着这位身材修长、面容清俊、神态安详而言谈从容的年轻人，不禁从心底发出一声饱含尊敬和佩服的赞叹："好！"

隆中问对，确定了刘备今后的战略发展总方针，也确定了刘备与诸葛亮亲密的君臣鱼水关系。从此，诸葛亮结束躬耕陇亩的隐居生活，应聘出山。刘备"反躬自省之明"，就这样与诸葛亮的"运筹帷幄之良"相互结合，奏响了"明良"交响乐的第一章。

第二章

刘备英明和诸葛亮贤良的第二次突出表现，发生在东汉献帝建安十三年（208），地点是在刘备刚刚占领的荆州南部四个郡，大事则是"荆州开基"，即诸葛亮开始为蜀汉政权的雏形奠定基础。这一经典性历史场景中，刘备的英明突出表现在"知人善任之明"，而诸葛亮的贤良则突出表现在"才能全面之良"，下面也具体加以解读。

东汉献帝建安十三年（208），著名的赤壁之战爆发。曹操大军的水上舟船和岸上营寨，被孙吴军队烧得精光。大败亏输的曹操，由陆路经华容县境，狼狈逃回北方。孙权、刘备的联军乘胜追击，并且随即开始动作，瓜分长江中游的荆州。

当时的荆州，下辖七个郡：北部是南阳一个郡；中部两个郡，东为江夏郡，西为南郡，长江由西向东，穿过南郡与江夏，进入下游的扬州；南部的四个郡，东北为长沙郡，东南为桂阳郡，西南为零陵郡，西北为武陵郡，这四个郡的地域相当宽阔，约占荆州总面积的三分之二。

刘备如秋风扫落叶一般攻占了荆南四郡。至此，他终于又取得了一块完全属于自己控制的地盘。但是高兴之余，麻烦也接踵而来。控制一块广阔的地盘，必须要有一支强劲的军队；而维持一支强劲的军队，又必须有一笔充足的军费。军费从哪里来？当然只有从全境民众身上抽取赋税而来，工人、农民、手工业者，特别是利润丰厚的商人，都是贡献军费的对象。在这蜀汉政权刚刚出现雏形，也就是"荆州开基"的关键时刻，派谁来承担这开辟财源的重担才最合适呢？这个关系到全局安危的任务，完成得好，政权的雏形就会站稳了；完成得不好，政权的雏形就有可能倒在襁褓之中了。

　　这时刘备的英明，突出表现在"知人善任之明"上。在此之前，他委派诸葛亮担任过谋划战略发展方针的总设计师，也委派诸葛亮担任过出使孙吴说服对方共同抗击曹操大军的"外交部部长"，那都是动脑子、动嘴皮子的文职任务。但是这一次，刘备的用人方式更加灵活大胆，他要委派诸葛亮去担任开辟政权财源的总税务官。刘备刚刚取得荆南四郡，就委派诸葛亮为军师中郎将，负责对零陵、桂阳、长沙三个郡征收赋税，从而充实军队的钱财物资储备，这就是《三国志·诸葛亮传》中所说的"以亮为军师中郎将，使督零陵、桂阳、长沙三郡，调其赋税，以充军实"。

　　至于诸葛亮的贤良，则突出表现在"才能全面之良"上。这军师中郎将是他出山后担任的第一个官职，也是刘备为他量身定做的职务。官名中的"军师"两个字，把他定性为军队的指导老师；而"中郎将"，则是当时军官中的一种类别。把军队的指导老师都派出来征收赋税了，说明什么？说明开辟军队的财政来源，是当时刘备亟待解决的首要急务，更是异常棘手的难办公务。向当地老百姓征收赋税，这赋税怎么收？收多少？出了问题怎么处理？不仅要把该收的赋税统统收上来，还要避免引起民众的大规模暴力抗税，造成政局的动荡，这无疑是对行政能力的巨大考验。对于这一自己从未担任过的角色，诸葛亮既不畏惧，也不轻视，而是从容自信、思虑周密，迅速进入高效的工作状态。他把自己的税务总局精心设置在荆州长沙郡临烝县（今湖南衡阳市）内。选在此处有何玄机呢？翻开谭其骧先生主编的《中国历史地图集》就可看出，这临烝县位于长沙郡南端的湘江西岸，东西两面都与零陵郡、桂阳郡接壤，乃是这三个郡的交界之地。在这里征收三个郡的赋税有两个突出的优点：一是往来这三个郡，都非常近便快捷。二是当时的赋税，除了钱币之外，也包括粮食、布帛之类分量较重的实物。由于此处濒临湘江，使用船只运输实物，沿江而下送往长江中游的刘备驻屯之地，也是极其便利快速。诸葛亮到达临烝，现场办公收税，现场督促进度，现场解决问题，顺顺当当就完成了任务。

诸葛亮不仅当好了总设计师和"外交部部长"，而且当好了总税务官；既能务虚，又能务实。刘备的"知人善任之明"，就这样与诸葛亮的"才能全面之良"相互结合，奏响了"明良"交响乐的第二章。

第三章

刘备英明和诸葛亮贤良的第三次突出表现，发生在蜀汉章武三年（223）四月，地点是在永安县刘备即将病逝的行宫，大事则是著名的"永安托孤"。在这两人最后一次相见的经典性历史场景中，刘备的英明突出表现在"心神无二之明"，而诸葛亮的贤良则突出表现在"竭力效忠之良"，下面也具体加以解读。

章武三年（223）春二月，诸葛亮和刘备的两个儿子，即鲁王刘永和梁王刘理，奉刘备之命，从成都星夜兼程，来到永安县刘备的行宫，皇太子刘禅则留守成都。63岁的蜀汉皇帝刘备，正在面对死亡。

他对丞相诸葛亮缓缓交代自己的遗嘱："君才十倍曹丕，必能安国，终定大事。若嗣子可辅，辅之；如其不才，君可自取。""君可自取"一句的"取"字，后世大都将其解释为取代之意，认为刘备的意思是，如果刘禅不成器，诸葛亮就可以直接取代刘禅自己来当皇帝。罗贯中的《三国演义》就是这样解释的，从此误导了后世无数的读者。但是必须指出，这种解释是很有问题的，单以情理而论就说不通。因为刘备遗嘱的核心要点，是要求诸葛亮继续完成自己"终定大事"的远大政治目标。而刘备一直高举的政治旗号，毕生为之奋斗的终极目标，具体而言就是诸葛亮《出师表》中所说的"攘除奸凶，兴复汉室"。好了，现今为了攘除北方曹丕这个代汉篡位的奸凶，刘备不惜要诸葛亮也去仿效曹丕，再来当一个代汉篡位的奸凶，以便让此奸凶再去攘除彼奸凶。如此一来，岂非彼奸凶尚未攘除，而蜀汉的江山反而先改了姓变了色吗？此奸凶又有什么道义上的理由和伦理上的高度，带领大家去攘除彼奸凶呢？

据笔者的专文研究，古代的"取"是一个多义词，有一个三国时期极为常用的含义，就是选取、择取或采取。因此，刘备上述遗嘱的准确意思是：丞相您的才智强过曹丕十倍，必定能够安定我们的国家，最终完成兴复汉室的大业，因此我现在将国家的辅佐治理大权交给您。今后如果接替我帝位的嗣子刘禅可以辅佐，您就好好辅佐他；如果他不成器，表现恶劣，您也可以根据情况对他采取各种适当的处置措施。也就是说，刘备是把辅佐未来君主刘禅之权，还有代替刘禅治理国家之权，一并交给了诸葛亮，以便能够与北方曹魏的皇帝曹丕相抗衡，而绝非要诸葛亮直接去当蜀汉皇朝的皇帝。

对于刘备这一经过深思熟虑而做出的罕见决定，陈寿《三国志·蜀书·先主传》曾有高度赞美的评价说："先主之弘毅宽厚，知人待士，盖有高祖（指西汉高祖刘邦）之风，英雄之器焉。及其举国托孤于诸葛亮，而心神无二，诚君臣之至公，古今之盛轨也。"

他认为，刘备做出这番托孤的决定时，心中没有其他的任何杂念，确确实实算得上是君臣关系上的大公无私、古往今来的伟大典范了。事实上，此时此刻刘备在英明上的表现，不仅当得起"心神无二"这四个字的高度评价，而且也只能够用这四个字来形容了。

至于诸葛亮这时在贤良上的表现，完全可以从当时他对刘备的回答中归纳出来。他流着眼泪回答道："臣敢竭股肱之力，效忠贞之节，继之以死！"意思是说，微臣一定竭尽作为辅佐大臣的力量，毕生展现出忠贞的节操，直到自己生命的终止。可见"竭力"和"效忠"，既是他回答中的关键词，也可以作为他此时贤良上的具体解读。

当然，诸葛亮在此刻展现出来的"竭力效忠"，还将在今后他的一生中继续展现出来，而且展现得更加充分和悲壮。从这个角度来说，他此刻的具体表现，只是"竭力效忠"的正式开始。刘备的"心神无二之明"，与诸葛亮的"竭力效忠之良"，就这样完成了最终的完美结合，从而奏响了"明良"交响乐的高潮第三章。

结语

成都武侯祠博物馆举办的"刘备与诸葛亮君臣合展"，是以丰富而精美的文物展品，展示出君臣二人英明和贤良的一生。细细品味他们在"明良"上突出的具体表现，不仅能够领略到三国优秀传统文化的无穷魅力，而且也能给我们以深刻启迪和有益借鉴。

方北辰（四川大学历史文化学院教授、《百家讲坛》主讲人）

（三）媒体说

在互联网时代的大社会背景下，资讯传播媒介日益多样，不同的社会群体获取资讯的途径各有所异。"刘备与诸葛亮君臣合展"开展后，首先在中央级媒体开展专项宣传，如《光明日报》客户端、新华社客户端、央视频客户端、中央广电总台国际在线、人民网、文旅中国、中国网等报道展览相关新闻；并同时在四川卫视、四川观察、川观新闻、封面新闻、四川在线、四川文化和旅游网等省级媒体黄金时段或重点版面进行报道，以此扩大展览宣传效果。其次，成都武侯祠博物馆持续在官方微博、官方微信、今日头条、抖音、快手等社交媒体平台上，设置展览热点话题，让传播面持续扩大。同时开展线上互动活动，以"图文＋视频＋有奖互动"的形式对展览进行专题宣传，加强展览传播力和影响力，在互动的过程中，"刘备与诸葛亮君臣合展"俨然已经成为成都新晋打卡地标之一（图4-7、图4-8）。

品三国 看刘备与诸葛亮君臣合展

图4-7　凤凰新闻报道（上）
图4-8　央视频报道（下）

在线下，除在园区周围及门口设置展览信息宣传海报、LED 宣传屏等传统宣传方式外，结合利用重要交通枢纽人流量大，宣传力强、节奏快的优势，在成都市内机场、地铁、公交等交通站点发布展览配套宣传广告。同时在成都市内重要地段和商业区，如春熙路、太古里等，以广告牌、LED 屏等形式发布展览的户外宣传广告，充分借助成都三国文化的独特优势让文化与时尚相互碰撞，以君臣之情为主题在武侯祠大街沿线进行展览氛围营造。

（四）观众说

观众既是文化的消费者，也是文化的传播者。"一千个读者就有一千个哈姆雷特。"尽管展览在策划之初就已经拟定了主题和中心思想，但是每一场展览对观众的吸引点却因受众对象的不同而各有所异。如，对历史感兴趣的人比较关注展览中的历史信息传递；对文物感兴趣的人会对展示的文物做出较多的评价与讨论；注重观感美学的观众会惊叹于展览中某个场景的布置或色彩的营造；孩子们则更多地乐于体验多媒体带来的沉浸式感受等。一场展览不可能将所有的内容都事无巨细地完整呈现给观众，还需要每一位观众通过实地观展来主动寻找和亲身体会。

每一位观众都是一个传播者，好口碑是最好的宣传。社会大众通过各种渠道获得展览信息，吸引一批爱好者到现场观展只是展览宣传的基本目标。更多的观众在展览中获得知识信息，产生思考，将自己的所看、所想、所悟以不同的方式传播出去，带动其周边的人前来观展是展览宣传的更高目标。而展览的最终目标则是让尽可能多的人通过观展，对展览内容产生思考和讨论，使展览在深度和广度上形成延伸，在社会范围内产生情感共鸣，形成价值认同，实现博物馆之社会教育职能，为公众和社会服务。

一位军事爱好者：

孙子兵法讲："将有五危：必死，可杀也；必生，可虏也；忿速，可侮也；廉洁，可辱也；爱民，可烦也。凡此五者，将之过也，用兵之灾也。覆军杀将，必以五危，不可不察也。"爱民是好，但对于掌兵的人来说有时候也是一种危险的特质。可是，刘备却做出了一个伟大的决定，他以人为本，携民渡江，在自己危难的时候还不愿意放弃民众，没有选择以最快的速度逃跑。所以说，今天才有那么多人喜欢刘备，最后刘备虽败犹荣。理想主义的人才能碰到一起，所以才有刘备和关张的情谊，才有刘备和诸葛亮的情谊，才聚成了东汉三国黑暗乱世中的一道理想主义之光。

一位艺术学在读本科生：

一个阳光明媚的深秋午后，来到成都武侯祠，走进"刘备与诸葛亮君臣合展"，惊讶之余是深深的触动，在这样一个纪念刘备和诸葛亮君臣合祀的祠堂，居然有一座庭院用来讲述君臣风云际会的历史故事。整个展览脉络清晰，从各自的经历到相遇、相知、共创、别离，展览节奏和情绪紧抓人心，形式新颖，表现手法极具美感，色调的选择也尤为讲究，贴合内容，连展览多媒体也不落俗套，设计匠心独具，亮点多多，尤其是白帝托孤后的"开窗见惠陵"，简直是整个展览中最亮丽的一笔，堪称应情应景。还有诸葛亮"出师北伐"展项里多面屏的设计，当诵读《出师表》的背景音乐一响起，我瞬间泪目，这道尽了他的赤诚与坚守。逛了这么多博物馆，看了这么多展览，武侯祠的这个展是最让我动情、最让我感到有温度的展览。

一位三国文化爱好者：

作为一个老成都人，我对武侯祠有着很深的感情；作为一个三国文化爱好者，我一直特别关注武侯祠推出的展览。早在 20 世纪 80 年代，武侯祠推出过一次三国主题展览，我来看过多次。我还记得在展厅中间有一匹陶马的展示很特别，它被放在了模拟汉阙楼的展柜里，既能全方位看实物，又有汉代特色元素装饰。此次推出的新展，我也是第一时间就来到了现场……展厅是与园林的结合，既能看展也能赏景，效果很不错。展览大致分为了两大部分，前面是以"刘备与诸葛亮共同建业"为主要逻辑脉络，后面则是以"诸葛亮鞠躬尽瘁死而后已"为主要内容，文物和影片的双重作用看得人激情澎湃，又让人感怀落泪。白发渔樵江渚上，惯看秋月春风，一壶浊酒喜相逢。希望武侯祠继续努力，多做新展大展，把武侯祠"三国圣地"的名号打得更响更亮。

一位自媒体博主：

来成都出差，感受到成都这座城市越来越有魅力，美景、美食、文化包罗万象，气质宜古宜今。来到暖阳映照的武侯祠，穿过竹影红墙，走进"刘备与诸葛亮君臣合展"，被刘备和诸葛亮二人对望的雕像吸引，驻足良久，阳光透进镂空的《出师表》文字背景里，随着光影变迁，瞬间带你穿越回那个乱世，你仿佛能听到二人窃窃私语、共叙经纬。缓慢前行，看到了辗转各地的刘备，看到了隆中耕读的诸葛亮，二人的轨迹因志向相同而交汇，才有了千古名篇《隆中对》。整个展览以时间线索展现了君臣知遇、鱼水相依的传奇故事，泪点不仅定格在白帝托孤，最后星落五丈原的沉浸式空间也将情感推向了高点。这是一个以历史为线索、以情感为依托、以艺术为表达的展览，是历史人物纪念类展览中的一颗明星。

一位来自襄阳的游客：

我是一位来自襄阳的游客，襄阳无论是在三国还是在中国历史的其他时期，其历史地理的位置都是很关键的。"以天下言之，则重在襄阳；以东南言之，则重在武昌；以湖广言之，则重在荆州。"很高兴看到各种与家乡有关系的历史和展览。这个展览题材要做好其实很难，因为不像中国其他历史，三国历史实在是太广为人知了，文化产品也很多，上至八十岁老人下至三岁小儿好像都能来说上两句，容易被评价挑剔。但是这个展览，内容上重新发掘提炼了，成为少见的"君臣合展"，形式上又很新颖现代，拍出照来也很有辨识度，可以说是一个能让人记住且愿意谈论的展览了。

一位小学教师：

　　我是第二次来到成都武侯祠博物馆的"刘备与诸葛亮君臣合展"展厅，此次是学校安排校外实践活动，便有了带孩子们来"蜀汉立国历史文化课堂"的机会。在带领孩子们踏进展厅之前，我先在学校里组织了"三国历史大比拼"的活动，使得孩子们对三国文化、历史有了一个初步的认知。在展厅中，孩子们对每一件展品都很感兴趣。看着展柜中的箭镞、陶房、铜钱，听着屏幕中诸葛亮儿时的远大志向和刘备的奋斗经历，孩子们再次深刻体会到了蜀汉王朝建立过程中的智慧与艰辛，也为刘备与诸葛亮之间的知己情谊所感动。

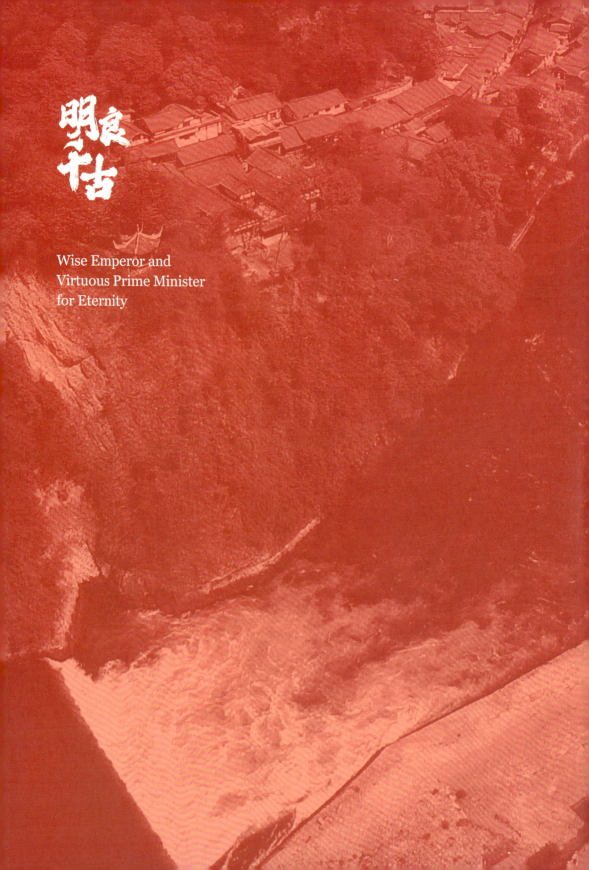

明良千古

Wise Emperor and
Virtuous Prime Minister
for Eternity

结　语

一个让历史建筑遗址重生的展览

一、过程的遗憾

"刘备与诸葛亮君臣合展"是成都武侯祠博物馆积极探索、拓宽边界的一次尝试，展览充分结合当代观众的参观需求，在作为历史景观的千年祠庙中构建叙事，进行三国君臣史诗的当代书写，呈现出对话城市文脉的历史空间。然而鉴于三国文化和三国历史的特殊性，以及展览空间的局限性，虽然展览自2021年10月1日开幕以来便得到了广泛的肯定和赞誉，但其中存在的一些遗憾和困难也是策展团队不得不继续思考的问题。

（一）藏品方面

刘备与诸葛亮是三国历史特别是蜀汉历史的代表性人物，他们的成长与活动轨迹就是三国历史的重要一环。如何用文物来表述和充实这一历史人物专题展览是策展团队面临的一个难题。因为严格考古学意义上的三国时期文物较少，全国范围内皆是如此，这给展览的展品组织带来一定的难度。

为了更准确全面地展示出真实的当时社会的物质世界和人文面貌，探索出符合逻辑的物证关系，我们不得不将视野放大，向国内其他多家文博单位发出借展邀请。尽管如此，部分展览内容中，文物对历史文化的支撑依旧略显薄弱，所以我们突破以文物为叙事核心的陈列模式，采用信息组团、分级传播的设计理念，将最新考古发现与阐释融入博物馆语境中，力求达到透物见人的观展效果。

（二）空间方面

成都武侯祠作为全国唯一的君臣合祀祠庙，是第一批全国重点文物保护单位，其主体建筑在规格和形式上有着严格的等级区分。比如纪念汉昭烈皇帝的刘备殿在地势和体量上要比诸葛亮殿更加高大和宏伟，而其他附属建筑如文臣廊、武将廊、钟楼、鼓楼、过厅等则高度更低，这都是封建社会的君臣礼仪之制在建筑上的直观反映。

"刘备与诸葛亮君臣合展"展厅作为武侯祠文物区的附属建筑之一，虽然经过了改造优化，但为了保证园区整体建筑礼制的统一性，遵循中国古代儒家文化的完整性原则，其空间和高度在设计之初就受到严格的限制，这使后期在空间设计和形式设计方面都受到了较大的影响和束缚。

"刘备与诸葛亮君臣合展"展厅为单层仿古建筑围合式院落布局，中庭以园林装饰，与武侯祠整体园林既保持风格一致，又具有相对独立性。传统木结构梁架建筑区别于现代混凝土建筑内部宽大的空间布局，展厅内部实质上还是大殿、厢房和倒座房等相连的一个回形空间，观展路线曲折回绕，室内空间主次有别，建筑高度高低错落。囿于梁架结构限制，作为最高区域的大殿室内层高为 5.1 米，而其他区域平均层高仅 3.5 米，最低处仅 3 米。为了保证空间上的开阔性和游客在展厅内观展的舒适性，在展厅装饰上不得不舍弃部分原拟定的装饰手法。层高的限制给展厅灯光的布置和防眩光处理也增加了一定的难度。

为了更大限度地提升游客在观展中的视觉舒适性，在展厅面对中庭的一面，采用大量开落地窗的形式，一方面将室外的光引入室内，与展厅内的专业展示照明互为补充；另一方面增加观众在展厅中的视觉广度，观展的同时也达到赏园的效果，营造多样化的观展体验。

二、内外的哲思

（一）历史空间的再利用

在古建园林中创建"园展一体"的展览形式，是本次展览所做出的最大尝试之一，也是对成都武侯祠展陈空间体系架构的一次大胆探索与尝试。作为文化遗产地，成都武侯祠是公众了解天府文化和成都历史的重要入口。而作为全国文物保护单位的武侯祠，其建筑园林大部分为清代古建，可利用空间极其有限，这也直接导致了成都武侯祠博物馆多年来无法孕育更多大型展览。

为突破藩篱，充分利用自身文化和资源优势，发挥博物馆在当代的社会价值，我们对博物馆空间建构与内容架构进行了系统性规划，在充分研究和论证的基础上，通过优化改造原来作为盆景园的回廊式开放空间——听鹂馆，打造出一个与园区整体参观动线相融合，与博物馆整体精神隐喻和文化内涵相补充的国内首个刘备与诸葛亮历史人物特展，开创了古建园林与展陈设计深度融合的全新模式，打造出一个"让历史建筑遗址重生的展览"。

据不完全统计，我国各级博物馆中有历史建筑遗址类博物馆 138 家，分布于 65 个城市。与成都武侯祠博物馆一样，此类博物馆由于受到空间形态与身份的桎梏，在发展中面临认知模糊、空间限制、新旧冲突等难题。本展览的实践表明，通过多维度创新实践，对城市、自然、建筑与展陈的界面关系进行变幻性融合与艺术性再造，这些博物馆定能够探寻自我发展路径，使历史与当代共时并存，创造富于当代精神与人文品质的历史空间，以公共、开放的"博物馆"形态出现在大众的视野中，居于自然，融于城市，成为深入人心的文化标志，形成持续有力的文明回响。

（二）文化遗产保护的再聚焦

三国文化影响深远，而承载这些文化的最主要的载体当属散落在广袤中华大地上的三国文化遗存。

"刘备与诸葛亮君臣合展"在展览中通过照片、层景、场景等形式合宜地展示了部分三国文化遗存，辅以文字、灯光、多媒体等，表现其现状、历史渊源、文化内涵及历史影响。如万里桥层景、刘备汉中称王碑复原场景、"安抚南中"版面等，是展览内容的有效拓展和补充，并得到了观众的极大关注，在社会面形成了聚焦三国文化遗存的新高潮，再次引发公众对三国文化遗产保护的思考和讨论。

其实早在 21 世纪初，成都武侯祠博物馆就已经开始关注全国各地的三国文化遗存，并于 2011 年开始着手实地调查。2016 年，成都武侯祠博物馆被国家文物局授牌"全国三国文化研究中心"，并成立"全国三国文化保护利用联盟"，全面推进三国文化的调查、保护、研究和传习工作。在三国文化遗产调查过程中，成都武侯祠博物馆与遗产所在地的文保机构及博物馆密切合作、深入交流、凝聚共识，大力推进了当地文化遗产的保护与传播。

（三）文旅路线的再开发

　　成都武侯祠博物馆作为三国文化遗产地的代表之一，肩负传承和弘扬中华优秀传统文化的使命，并致力于三国文化主题的文商旅产业融合发展实践。如成都武侯祠博物馆的原创品牌"名垂宇宙——全国现存诸葛亮文化遗存调查"系列展览，以诸葛亮生平事迹为线索，立足于武侯祠同名重点科研课题，在实地调查和充分研究的基础上，串联沿线现存的遗存，形成多条不同的研学和文旅体验路线，强化区域资源联动，积极推进文商旅融合，助力成都世界文化名城建设。

　　"刘备与诸葛亮君臣合展"以三国史实为轴，以诸葛亮生平为魂，讲述了刘备与诸葛亮两位历史人物的个人生平和奋斗轨迹。刘备生于河北，长于乱世，早年奔走于中原各势力之间，后入主徐州，依附刘表进驻荆州，西进占据益州，并夺取汉中。诸葛亮生于山东，后迁徙荆州，隐居隆中，在刘备三顾之下，出山相辅，联吴抗曹，助其三分天下鼎立西南，向南安抚南中，向北出师北伐，鞠躬尽瘁。可以说两人的活动轨迹遍布大江南北，承载两人历史故事和精神价值的文化遗产在全国各地均有分布。如今，这些文化遗存或作为旅游地供游客参观，或成立博物馆向公众展示；或被列入文保单位予以监测，或散于田间没于尘埃。这些文化遗存将依托本次展览巨大的社会效应，再次引起大众的关注和探索，带给当地发展文旅的新契机。同时，不仅能通过展览让观众更加直观、深入地了解三国文化，感受蜀汉英雄人物艰苦创业的激情与过往，领略传统文化中蕴含的优秀品质和无穷魅力，还能通过对文旅路线的体验与感知，使大众建立起过去与今天、观众个人与英雄人物的跨时空的连接，把对历史风云的无限遐想与向往化作创造当今幸福生活的永恒动力。

　　鉴于展览在社会上引发对三国文化遗产的持续关注热度，成都武侯祠博物馆在 2022 年 1 月再次推出"千里走三国——三国遗存文旅路线精选展"，甄选四川、重庆、湖北、陕西、甘肃、河南等 6 省市内的 100 余处三国文化遗存点位，组成两条精品文旅路线，得到了社会各界的热烈响应，有效推动了文化遗产的创造性转化与创新性发展。

（四）研究体系的再升级

依托"全国三国文化研究中心"，成都武侯祠博物馆充分利用成都和四川三国文化厚重历史和丰富资源，深挖三国文化内涵与价值，整合多所高校、考古机构、文博单位和专家学者，搭建开放共享的三国文化学术研究平台，开展三国文化主题系列和专题研究，取得显著成果，形成了三国文化研究高地。

而"刘备与诸葛亮君臣合展" 8 年的策划筹备和实施过程，更是打破传统以历史、文物和人物等为主要对象的主题展览研究模式，将其拓展到包含艺术、美学、文化共识下的二次创作等多维度范畴的研究。其间的探索问题包括：现存全国三国文化遗存保护性利用和传承；以三国文化为主题的展览中，主色调的选择与应用；场景复原的真实性考量；多媒体辅助展项的契合性；文创产品或活动开发的相关性；等等。当然，这一切都是以三国文化的深度研究为基础的，我们也将以此为契机，对现有研究体系进行升级，力求形成一个全方位多维度研究三国文化的阵地，实现中华优秀传统文化的新时代创新。

三国文化是一代又一代中国人的共同记忆和精神家园，也是中华优秀传统文化走向世界的一张闪亮名片。区区岂尽千秋事，丹青难写是精神。在现代文明高度发展的今天，三国文化的表现形式早已超出史书、戏剧、书画、连环画、游戏等的范畴，朝着更加精彩多元的方向发展。"刘备与诸葛亮君臣合展"自初创阶段就以博物馆的当代价值和社会意义为导向，在深入发掘三国文化无限生命力的基础上，力求赋予三国文化当代价值及意义。

三国，在浩如烟海的皇皇史册中，在逸事奇物的历史注脚里；三国，更在你我的面前，在多彩文明回响的当下。希望这不仅是一场美好的展览，而且是每个人都可以回忆、体会和分享的，属于全社会也属于自己的多元三国。

后 记

　　"中国博物馆陈列展览精品·策展笔记"是中国博物馆协会着力打造的一套博物馆策展领域的标杆性、品牌性丛书，成都武侯祠博物馆很荣幸被列入第一批参与撰写的单位之中。本书以"刘备与诸葛亮君臣合展"为依托，讲述展览幕后的策展理念、设计思路、实施过程以及经验教训，希望既能为今后的展陈研究与实践工作提供参考，为优秀历史文化的传承提供典型案例，又能为读者深度解读展览，带领其走进展览背后的世界，留下开阔的理解和思考空间。成都武侯祠博物馆高度重视本书的编撰工作，希望能借此契机，以展览促学术，以学术促交流，以交流促互动，以互动带发展。这本策展笔记，全部由深度参与展览的工作人员亲自撰写，既是对展览实践的梳理与记录，亦是理论联系实际后的解读与反思。编撰工作组与展览工作组具体如下：

编撰工作组

　　总撰稿　尹　恒

　　撰　稿

　　第一章　尹　恒

　　第二章　樊博琛　李　娇

　　第三章　洪凯钰　王旭晨

　　第四章　李思檬　童思思

　　第五章　许丁丁　王珉杰

图　片　张红灵　李　玲　张　祎　董一鸣　罗景玠

观众供图　杜　烧　燕金蛋　瑾羲Qing　hello 山山

展览工作组

总 策 划　李加锋

学术指导　方北辰　梅铮铮

策 展 人　尹　恒

内容设计　尹　恒　安剑华　樊博琛　洪凯钰　王旭晨　李思檬　许丁丁

形式设计　李　娇　何　为　童思思　王珉杰　李思檬　王喜光　赵　燕

宣传推广　谢佳倩　郭的非　杜建宏　吴云霞　张　洁

社教活动　乘　睿　何　烨　李　楠　李雨薇

线上展厅　张红灵　张　祎

文物借展　樊博琛　许丁丁　童思思　王珉杰　洪凯钰

摄　　影　李　玲　张　祎　董一鸣　罗景玠

语音讲解　李　志

灯光调试　樊博琛

协调保障　王晓乔　袁玉佳　王　珍　刘　淼

安全保卫　胡德华

　　值得一提的是，在本书的编撰过程中，中国博物馆协会刘曙光理事长、南京博物院名誉院长龚良先生、清华大学美术学院李德庚教授、浙江大学艺术与考古学院"百人计划"研究员毛若寒博士、浙江大学出版社陈佩钰编辑等给予

了我们极大的支持与帮助。在此，我们衷心感谢所有关注和参与本书出版的单位和
个人，正是在大家的通力合作下，我们的策展笔记才能顺利成书，为展览注入源源
不断的学术生命力。

　　由于时间仓促，本书难免存在一些疏漏，不足之处敬请业内专家与广大读者批
评指正。